JN025771

楽しく学ぶ

実践コミュニケーション教室

荒木晶子 著

研究社

はじめに

　人生 100 年時代といわれる今、私たちは先人には考えられなかった長い人生を生きていくことになります。それにはもちろん、健康な心と体を維持しなければなりませんし、そのための努力もしなければなりません。そしてその人生は、ただ長生きするだけではなく、充実した幸せな人生であってほしいと誰もが願っていると思います。しかし、その長い人生の終わりを迎える時に、自分の人生を振り返って、どんな人生だったら、満足のいく幸せな人生だったと思えるのでしょうか。

　私は、「すばらしい人たちとめぐりあい、その人たちと一緒に過ごす貴重な時間と思い出がたくさんあった」と思える人生を送って、最期を迎えたいと思っています。人間が死ぬ時に唯一持って行けるものは、大切な人たちと一緒に過ごしたかけがえのない時間と思い出だからです。そして、それを実現させてくれるのが、ほかならぬ「コミュニケーション」なのです。

　私は 1982 年にアメリカから帰国後、しばらくは異文化研修などにたずさわっていましたが、その後 大学で教える機会に恵まれ、2021 年 3 月の定年退職まで 30 年間 大学でコミュニケーションを教えてきました。授業には、アメリカの大学院の恩師であり一生のメンターであるバーンランド先生 (Dean C. Barnlund) から学んだ多くの知識や授業体験を取り入れてきました。そして、バーンランド先生から学んだコミュニケーションの概念を、ぜひ皆さんとも共有できればと思い、本書を書くに至りました。本書はコミュニケーションの基本的な理論について知ってもらうだけでなく、実際に体験して考えてもらえるよう、ファシリテーションの材料を提供するもので、書名もそういった意味をこめて『「実践」コミュニケーション教室』としています。

　本書には 3 つの目的があります。1 つ目の目的は、「コミュニケーションの仕組みを理解してもらうこと」です。2 つ目の目的は、「人はそれぞれがみんな異なる個人であることを自覚してもらうこと」です。そして、そのような「違いはこわいものではないということを理解してもらうこと」が 3 つ目の目的です。

違いをこわがるのではなく、「学ぶ楽しみ」に変換できるコミュニケーション力を身につけてほしいのです。そうすることで、あなたの身近で、そして世界のどこかで起きている対立や分断が解決につながっていったらと願っています。

　本書を書き上げるにあたっていろんな方にお世話になりました。今まで「交流理論」と訳されることが多かった Transactional Theory は、本書では、トランズアクショナル・コミュニケーション理論の内容をより反映させた「意味共創理論」という訳語にすることにしました。この訳語を創り出す際に一緒に考えてくださった友人であり同僚の八代京子先生と浅井亜紀子先生に感謝いたします。そして、浅井亜紀子先生、山本薫先生、前川志津先生、古谷知子先生には、桜美林大学でコミュニケーション理論の授業を担当していらっしゃるお立場からの貴重なご助言をいただきました。ここに感謝の意を表したいと思います。

　最後になりましたが、この本の編集を担当してくださった研究社の濱倉直子さんは、とても忍耐強く、最後まであたたかく私を支えてくれました。そして、原稿のチェックだけでなく、英文資料の細かなチェックから、イメージどおりのイラスト手配や作図まで、たいへんお世話になりました。濱倉さんが担当してくださらなければ、この本を最後まで書き上げることは決してできませんでした。心から感謝とお礼を申し上げます。

　この本を読んでくださる皆さんにとって、この本が少しでも実践のコミュニケーション能力を身につけて幸せな人生を歩める一助になればうれしいです。

2022 年 12 月　　　　　　　　　　　　　　　　　　　　　　　荒木晶子

目 次

第一部

コミュニケーションの特徴

第1章 コミュニケーションの基礎概念

1．コミュニケーションは人間性を高める

　おそらく魚は、自分が住んでいる水の世界を当然のものと思って生きていて、川や湖、海から釣り出されるまで水の大切さに気づかないでしょう。私たち人間も同じです。私たちはふだん、「コミュニケーションとは何か」などと真剣に考えることもなく、コミュニケーションをしながら生活をしています。ですから、コミュニケーションが断たれて初めて、コミュニケーションや人間関係の大切さに気づくのです。

　2020年からのコロナ禍では、あたりまえだと思っていた対面授業がオンライン授業になり、キャンパスにも行けず、友人とも会えない時期がありました。そういう状況になって、それまではなんとも思っていなかった友人たちとのコミュニケーションの大切さにあらためて気づいた人も多かったのではないでしょうか。

　言葉を使ってコミュニケーションできるのは人間だけの特権です。私たち人間は、言語のシンボルである話し言葉や書き言葉に加えて、身振り手振り、ジェスチャー、顔の表情、視線など非言語のシンボルも駆使しながら毎日生活しています。そのようにして、まわりの人とコミュニケーションすることで、自分の目的を果たし欲求を満たしながら、人間どうしの絆を築き社会生活を送っているのです。そして、私たちはいつでも、人から好かれ、お互いに理解し合えるよりよい人間関係を目指しているはずですが、人間関係はいつも良好なわけではなく、時には誤解も起こり、わずらわしさがつきものです。コミュニケーションが原因で悩み傷ついたり、気まずい思いをさせて人間関係が悪くなってしまう、そんな経験は誰にでもあると思います。

　しかし、誤解のないコミュニケーションは、可能なのでしょうか。どうしたら、お互いが傷つくことのない円滑なコミュニケーションをとって、よりよい人間関係を維持することができるのでしょうか。そのためにはコミュニケーションの仕組みを理解して、自分で意識してコミュニケーションをすることが大切です。そうすると、誤解の少ない気持ちのよいコミュニケーションになって、よりよ

い人間関係を築くことができるようになります。そしてまた、よりよいコミュニケーションは、自分をさらに成長させ、豊かな社会生活を送ることができる力にもなるはずです。

　このテキストでは、コミュニケーションとは何なのか、その仕組みについて学び、今まで無意識で行なっていた自分自身のコミュニケーション行動を内省して理解を深める機会にしてほしいと思っています。それでは、さっそく、コミュニケーションの仕組みをよく理解することから始めてみましょう。

アメリカの大学院の若いカップルと赤ちゃんの話

　筆者が昔アメリカの大学院でコミュニケーションを学んでいた時に、恩師のバーンランド先生がこんなお話をしてくれました。大学院の博士課程で論文を書いている若いカップルに赤ちゃんが産まれ、彼らは、締め切り間近い自分たちの論文制作に励みながら、初めての子育てで忙しい日を送っていました。3か月検診で赤ん坊を病院に連れて行った時、診察をした医師はその赤ん坊を見て驚きました。その赤ん坊が1か月くらいの大きさにしか成長していなかったのです。医師は若いカップルに、どうやって子育てをしていたのかを尋ねました。二人は、交代でミルクをあげて、おむつを取り替えて、きちんと子育てをしていたと言いました。医師は、「1日にどのくらいの時間、赤ちゃんに話しかけたり、抱き上げたり、一緒の時間を過ごしましたか」と尋ねました。このカップルは、論文完成を目指し、徹夜で論文を書いているので、実は、食事やおむつ交換以外の時間をとって赤ちゃんとコミュニケーションをする余裕がなかったと答えました。

　そこで医師は二人に、これからしばらく日中は赤ん坊を病院で預かると提案しました。そしてその翌日から、多くの人が行き交う病院のきれいなロビーの日当たりのよい場所に赤ん坊を入れたベッドを置いて、そのベッドに、「私はキャシーです。時間のある人は、誰でも、私を抱きしめて、話しかけてください」という貼り紙をしました。それから毎日、朝から夕方まで、赤ん坊のそばを通りかかる多くの医師や看護師、病院に来る患者が、その赤ん坊に名前で呼びかけ、挨拶をし、話しかけ、抱きしめました。そ

3

> して、1か月が過ぎた頃には、その赤ん坊は、3、4か月の普通の赤ん坊
> の大きさにまで成長したそうです。

　この話からどういうことがわかるでしょうか。私たち人間は一人では生きて
いけません。そして、食べ物だけでなく、大切な家族やまわりの人からのコミュ
ニケーションを通して、たくさんの愛情を与えてもらわなければ、人間として
大きく成長できないということです。あたたかな人間関係のかかわりの中で、
私たちは人間として成長をしていくのです。

　私たちの「ものの見方」や「考え方」は、人間として成長していく過程で、
個人の体験を通して培われていきます。つまり、その人がまわりの人々とど
のようなコミュニケーションをとり、何を感じ、考え、学んでいったのか、その
人の体験すべてが、その人の人間性を創り上げるのです。だから、私たちはコ
ミュニケーションを通してほかの人たちとかかわり合い、人間性を高めていく
ことが必要なのです。コミュニケーションは、私たちを人間として成長させて
くれるために必要不可欠な要素なのです。私たちが自分自身について、また、
自分を取り巻く世界について深く理解することができるのは、コミュニケーショ
ンを通してなのです。

　そして何よりも、コミュニケーションをすることで、ほかの人と楽しい幸福
な時間を共有することができます。円滑なコミュニケーションによって築かれ
るよりよい人間関係は、私たちの人生を豊かにしてくれます。また、私たちが
社会の一員として生きていくためには、コミュニケーションを通して人間性を
高めることも欠かせないのです。

2．コミュニケーションとは何か
　では、コミュニケーションとは何なのかを考えるために、次の 考えてみよう
をやってみましょう。

 **考えてみよう**

1. ①〜⑦のうち、コミュニケーションだと思うものはどれでしょう。コミュニケーションだと思うものに○をつけてみましょう。

　①（　　）朝、目覚まし時計で目が覚める。

　②（　　）歯を磨いて顔を洗う。服を着る。

　③（　　）母親に「おはよう」と挨拶すると、母親が「おはよう」と応える。

　④（　　）テレビのニュースを見る。

　⑤（　　）家を出て駅に行く途中、赤信号で立ち止まる。

　⑥（　　）キャンパスで友人に気づき、会釈をしたが、友人は何も言わずに立ち去った。

　⑦（　　）講義中に、講義内容についてノートをとる。

2. コミュニケーションだと思うものと、そうでないと思うものの違いはどこにあるのか考えてください。

3. あなたにとって、コミュニケーションとは何ですか。

　皆さんの解答はどうなりましたか。コミュニケーションだと思うものはいくつあったでしょうか。コミュニケーションだと思うものと、そうでないと思うものの違いは何だったでしょうか。以下、解答も交えて、コミュニケーションについて説明していきます。

対人コミュニケーション

　おそらく多くの人が、コミュニケーションをするには最低2人の人間が必要だと考えて、コミュニケーションとは「2人以上の人間が双方向で行なうもの」あるいは「言葉でのやりとり」のように答えたかもしれませんね。ちなみに、2人の人間が顔と顔を合わせて行なうコミュニケーションのことを、「対人コミュニケーション(Interpersonal Communication)」と呼んでいます。「個人間コミュニケーション」ともいいます。

　ここに挙げた7つの例には、2人の人間が存在しない場合もあり、それがコミュニケーションなのかどうか迷ったと思います。今まで「コミュニケーションは2人以上の人間が行なうもの」と考えてきた人にとっては、全く新しい考え方になりますが、実は、もう1種類のコミュニケーションがあるのです。それはどういうことなのか、これから紹介していきます。

自己内コミュニケーション

　①の「朝、目覚まし時計で目が覚める」の例ですが、「目覚まし時計は、人間ではないのでコミュニケーションはできないから、これはコミュニケーションではない」と考えた人が多いと思います。しかし、外界からの刺激である目覚まし時計の音を聞き分けて、この音が「きっかけ」になって、「昨日の夜自分がかけた目覚ましが鳴っている。もう6時か。それじゃ起きよう」と心の中で思ったり考えたりした瞬間に、実はコミュニケーションが起きているととらえるのです。このようなコミュニケーションを「自己内コミュニケーション(Intra-personal Communication)」と呼びます。「個人内コミュニケーション」ともいいます。

3．コミュニケーションは意味づけのプロセス

　私たちの五感(視覚、聴覚、嗅覚、味覚、触覚)を通して感知した刺激の何かが「きっかけ」になって、心の中であれこれ思うことを「意味づけする(＝解釈する)」といいます。そして、心の中で起きている「意味づけするプロセス」をコミュニケーションととらえるのです。ですから、私たちが五感を通して感知したものがきっかけになって、心の中でさまざまな意味づけが起きれば、コミュニケーションが起きているということになります。これは、自分ひとりだけで意味づけするプロセスなので、「自己内コミュニケーション」です。

　例で説明してみましょう。外を歩いている時に外気を冷たく感じて「今日は寒いなぁ」と思ったら、もう自己内コミュニケーションが始まっています。そして、犬の散歩をしている人とすれ違う時に、「かわいい犬だなぁ」と心の中で思うのも、自己内コミュニケーションです。自己内コミュニケーションで意味づけをしたあと、すれ違いざまに、「かわいい犬ですね」と犬を連れている人(＝相手)に声をかけたら、これは2人の人間の間で「対人コミュニケーション」が

起きていることになります。自分が意味づけしたこと（＝犬がかわいいと思ったこと）について、相手の心の中にも自分と同じような意味を創り上げてほしいと願って、言葉やしぐさで伝えようとするプロセスが「対人コミュニケーション」なのです。

　こうしてみてくると、コミュニケーションは私たちの日常生活のいたるところに存在していることがわかるでしょう。私たちは、意識していなくても、常にコミュニケーションの世界に住んでいるのです。ですから、コミュニケーションが苦手だからといって、コミュニケーションをやめたり、コミュニケーションからのがれたりすることはできません。人間の精神活動は止まることなく続いているし、私たち人間は行動をしないではいられないからです。つまり、私たちが行動するかぎり、「意味づけをすること」、すなわち、コミュニケーションをやめることはできないのです。このことを、オーストリアの心理学者ワツラウィック（Paul Watzlawick；1921-2007）は、One cannot *not* communicate「コミュニケーションを避けることはできない」と言っています。

　ここまでの説明でおわかりだと思いますが、5ページで皆さんにやってもらった 考えてみよう の7つの例はすべてがコミュニケーションということになります。

　コミュニケーションとは、外界からの刺激や内部体験（幼い頃の学習体験から学んだことや、心に残っている思い出、自分の直接体験から得たもの）がきっかけになって、意味づけをするプロセスをいい、1人の人間の内部で起きている場合は「自己内コミュニケーション」、2人の人間の間で起きている場合は「対人コミュニケーション」として区別しています。

　また、5、6人のグループでのコミュニケーションは「集団コミュニケーション（Group Communication）」、25～30人くらいの人数の場合は「組織コミュニケーション（Organizational Communication）」と呼んでいます。そして、同じ2人でも、文化背景の異なる2人の人間がコミュニケーションをしている時は、「対人コミュニケーション」ではなく、「異文化コミュニケーション（Intercultural Communication）」と呼んでいます。文化背景の異なる人とのコミュニケーションは、同じ文化の人どうしの「対人コミュニケーション」以上にいろいろな文化的な問題がかかわってくるので、「異文化コミュニケーション」という名前で区別しているのです。

4．トランスアクショナル理論

　ここまでに紹介してきたコミュニケーションの理論は、皆さんが今まで抱いていたコミュニケーションに対する考え方と異なり、とまどいを感じたかもしれません。この「コミュニケーションは意味づけのプロセスである」という考え方は、トランスアクショナル理論といわれるもので、1970 年にアメリカの著名なコミュニケーション学者 ディーン・バーンランド（Dean C. Barnlund；1920-92）によって提唱されたものです。そして、現代コミュニケーション理論として広範に取り入れられ、今ではコミュニケーションの分野で中心的な考え方となっています。

5．コミュニケーション理論の変遷

　それではここで、伝統的な初期のコミュニケーション理論から現代のコミュニケーション理論であるトランスアクショナル理論に至るまでのコミュニケーション・モデルの変遷について簡単に紹介しておこうと思います。一般的によく知られている初期のコミュニケーション・モデル 2 つと現代のコミュニケーション・モデル 1 つを段階を追ってみていきましょう。

段階 1　「アクション・モデル」

　この初期のコミュニケーション・モデルは、「アクション・モデル（Action Model）」のほか、「線形モデル（Linear Model）」や「伝達モデル（Transmission [Transfer] Model）」と呼ばれています。図からもわかるように、コミュニケーションは送り手が受け手にメッセージを送るアクションととらえる、受け手は受け身の一方的なコミュニケーション・モデルです。

段階2「インターアクショナル・モデル」

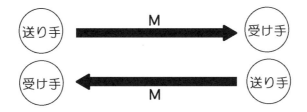

「対話型モデル」「相互作用モデル」「円環モデル」とも呼ばれます。このモデルでは、段階1のような送り手から受け手への一方通行のコミュニケーションとは違い、双方向のコミュニケーションであるインターアクション（相互作用）になっています。フィードバックも含まれます。

段階3「トランズアクショナル・モデル」

　現代ではコミュニケーションの分野で広く認められている理論です。コミュニケーションは「共に意味を創造するプロセス」であり、コミュニケーションに送り手と受け手の区別はなく、同時にコミュニケーションに参加しているととらえます。そして、コミュニケーションが起きている環境であるコンテクスト（文脈・意味背景）もコミュニケーションの大切な要因とされています。（コンテクストについては、第3章、第9章、第13章を参照）

　このように、コミュニケーション・モデルは初期のアクション・モデルから始まり、現代のトランズアクショナル・モデルに至るまで、いろいろな変遷を経てきました。このテキストは、トランズアクショナル・モデルを紹介することが主な目的ですが、このあとの第2章と第3章で、そこに至るまでの初期の代表的なコミュニケーション・モデルの特徴を学ぶことで、どのように現代のコミュニケーション・モデルにつながってきたのかその変遷の流れをつかんでおきましょう。

コラム
バーンランド先生のプロフィール

バーンランド先生は、1920 年ミルウォーキーに生まれ、1942 年に学士号を、1947 年に修士号をウィスコンシン大学で取得、1951 年に博士号をノースウェスタン大学で取得後、キャロル・カレッジ、シンシナティ大学を経て、1953 年から 1962 年までノースウェスタン大学のファカルティとして教鞭を執りました。 そして、1962 年から亡くなるまでの 30 年間はサンフランシスコ州立大学の教授としてコミュニケーション研究にたずさわり、多くの学生の指導にあたってこられました。

バーンランド先生は、個人間コミュニケーション、グループ・コミュニケーションの理論に関する世界的な権威で、また 異文化コミュニケーション研究の先駆者としても著名ですが、コミュニケーションの分野だけでなく、心理学、社会学、人類学をはじめ、医学、精神医学の分野にも造詣が深く、研究は多岐にわたっています。

サンフランシスコ州立大学での 30 年間には、ハワイ大学や国際基督教大学の客員教授もつとめ、フィリピン、トルコ、マレーシア、イランなど、世界各地で講演やセミナーを行なっています。なかでも、日本とのかかわりは深く、1968 年と 1971 年から 1972 年にかけて、国際基督教大学の客員教授として長期来日し、多くの日本人学生の指導にあたられました。

第2章　伝統的なコミュニケーション・モデル1

　第2章では、伝統的なコミュニケーション・モデルの一つである「アクション・モデル」の特徴について学んでいきましょう。

　このモデルは、コミュニケーションを「誰かが、誰かに、何かをすること(＝action)」ととらえるため、「アクション・モデル(Action Model)」と呼ばれていますが、メッセージが送り手から受け手に一直線上に伝わるということで「線形モデル(Linear Model)」と呼ばれたり、送り手(話し手)がいて、受け手(聞き手)にメッセージが伝わるということで「伝達モデル(Transmission [Transfer] Model)」と呼ばれたりすることもあります。このテキストでは、「アクション・モデル」と呼ぶことにします。

　初期の伝統的なコミュニケーション学説であるこのモデルでは、コミュニケーションは「的に矢を射る」ように、話し手が聞き手にメッセージを伝達する一方通行のプロセスであるととらえられていました。つまり、コミュニケーションは、「送り手」のメッセージで始まり、そのメッセージが「受け手」に届くというように、一直線上にあるものとしてとらえられていたのです。

　それでは、代表的な4つのアクション・モデルを紹介していきます。

1．アリストテレスのモデル (Aristotle's Model)

　古代ギリシャの著名な哲学者アリストテレス(Aristotle; 前384 - 前322)によって紀元前300年以前に提唱されたこのモデルは、最初のコミュニケーション・モデルです。このモデルでは、「話し手」が「聴衆」に語りかけるパブリック・スピーキングに焦点がおかれています。パブリック・スピーキングでは「話し手」が重要な役割を担っていて、「話し手」は場や聴衆に応じたスピーチ効果を考えてスピーチ内容を作成するべきであると考えます。「話し手」がどれだけ効果的にスピーチをするか、そしてどれだけ受け手に影響を与えることができるかが重要なのです。

　このモデルを構成しているのは、次の5つの要素です。

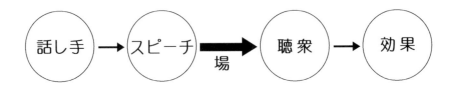

例で考えてみましょう。政治家（話し手）が聴衆（聞き手）に向かって選挙演説（スピーチ）をしています。「場」は演説会場です。聴衆がその政治家に投票するかどうかは、その政治家のスピーチにかかっています。ですから、政治家は影響力のある効果的なスピーチをしなければなりません（効果）。つまり、すばらしいスピーチをすれば聴衆は動く、という話し手中心の考え方です。このモデルは、大勢の聴衆を前にしたパブリック・スピーキングやプロパガンダ（宣伝活動）に適していますが、話し手から聴衆への一方通行のコミュニケーションなので、聴衆からのフィードバックの要素はありません。

2．ラスウェルのモデル (Lasswell's Model)

　ラスウェル (Harold D. Lasswel; 1902-78) は、アメリカの政治学者で、マスコミュニケーションの学者としても有名です。彼が 1948 年に提唱したこのモデルは、アリストテレスのモデルに類似した、送り手から受け手への一方通行のコミュニケーション・モデルです。

　彼は、コミュニケーション行動を理解するために、「誰が」「何を」「どのようなチャンネルで」「誰に対して」「その効果はどうだったのか」という 5 つの構成要素についての質問を使ってマスコミュニケーションのプロセスを説明しています。

　ラスウェルのモデルの強みは、人間のコミュニケーション行動の5つの要素がシンプルでわかりやすく、多くのコミュニケーション・モデルにあてはまることです。このモデルは、マスコミュニケーションに焦点をあてたものですが、家族や友人などの対人コミュニケーションのレベルにも応用できます。

　また、このモデルでも、コミュニケーションの「効果」という概念が取り入れられていて、メッセージはいつも効果があるものとしてとらえられています。マスコミュニケーションが専門分野だったラスウェルは、マスコミュニケーションの目指すところは、聴衆に影響を与えることと説得することが前提だとしています。ですから、このモデルは政治コミュニケーションの場でプロパガンダに使うモデルとしてはとても有効です。

　しかし、このモデルも一方通行のコミュニケーション・モデルで、メッセージの受け手である聴衆は受け身で、フィードバックの要素がないことが弱みとなっています。

3．シャノンとウィーバーのモデル (Shannon-Weaver Model)

　シャノン (Claude E. Shannon; 1916-2001) はアメリカの数学者兼電気工学者で、情報理論を考案し、情報理論の父と呼ばれました。彼は、1948年に発表した「通信の数学的理論 (“A Mathematical Theory of Communication”)」という論文で、電話を通したコミュニケーション上の問題をよくするために、どのようにしたら通信システム上の情報を正確に伝達できるのかを考えた通信モデルを提唱しました。

　また、アメリカの科学者兼数学者のウィーバー (Warren Weaver; 1894-1978) は、シャノンが1948年に発表した通信モデルの論文をもとに、人間どうしのコミュニケーションのプロセスを説明するモデルを考察し、1949年に『通信の数学的理論 (The Mathematical Theory of Communication)』という本を二人の共著で出版しました。

　彼らのモデルは、「送られたメッセージが受け手に届くことでコミュニケーションは完了する」と考える数学的モデルで、このモデルでも、情報の送り手が重視されています。そして、メッセージの送受信を妨げる「ノイズ (noise)」という概念が初めて取り入れられ、電信、電話、ラジオなどの通信システムで、いかに通信の途中で入るノイズを排除して、送り手から受け手へのメッセージ

を正確かつ効率的に伝達できるかという過程が考察されています。

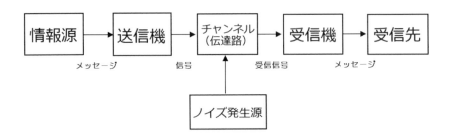

電話の例で説明すると、送信機と受信機は受話器です。チャンネルは電話線で、信号は電流、ノイズは電話線からの雑音です。ちなみに、人間どうしの会話では、送信機が話し手の「口」、信号は音波、チャンネルは「声」、聞き手の「耳」が受信機になります。ノイズは、話の障害になるような会話中の雑音すべてです。

ノイズ(noise)

　ノイズとはメッセージの送受信を妨げるものすべてを指し、以下の3つがあります。

「物理的なノイズ」：外の騒音、寒すぎる部屋の温度、高すぎるなどすわりごこちの悪い椅子など、まわりの環境からくるもの。

「心理的なノイズ」：講義中なのに、週末のプランを考えたり、昨日けんかした友人のことを思ったり、ぼうっとしたりするなど、自分の心理的な要因によるもの。

「身体的なノイズ」：おなかがすいていたり、のどが渇いていたり、頭痛や寒気がしたりなど、体に関係した生理的な要因によるもの。目が悪い、耳がよく聞こえないなども、「身体的ノイズ」になります。

　このモデルの強みは、ノイズの概念を取り入れることで、コミュニケーション上の障害について詳細に説明できるようになったことです。効果的なコミュ

ニケーションとはどのような状態なのか、そしてどのようなノイズがどのように
コミュニケーションの障害になっているのかを明らかにして、通信機器の改
良に役立てました。しかし、フィードバックのプロセスが考慮されていないこ
とが、このモデルの弱みでした。

4．バーローの SMCR モデル (Berlo's SMCR Model)

　このモデルは、アメリカのコミュニケーション学者であるバーロー（David
Berlo; 1929-96）が1960年に提唱しました。このモデルでも、コミュニケーショ
ンは送り手がメッセージを伝達することで始まるととらえています。そして、
このモデルには、S、M、C、R という4つのプロセスがあり、さらにそれぞれ
に5つの要素があります。詳しくみていきましょう。

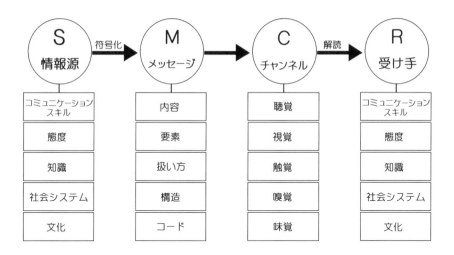

　このバーローのモデルでは、情報源が符号化したメッセージを受け手がチャ
ンネルを使って解読することで、受け手にメッセージが伝わるというプロセス
を示しています。

　「S」は、メッセージの情報源（Source）となる「送り手（Sender）」のことで、
自分の考えを言葉に変換して受け手に情報を伝えようとする人です。そして、
送り手のコミュニケーションスキルや、態度、知識、社会的規範などの社会シ

ステム、文化的価値観などが情報源として伝達されます。

「M」はメッセージ（Message）です。メッセージとは、伝えるべき情報が符号化された状態になっているものです。「**符号化（Encoding）**」とは、言葉にしたり、パワーポイントにしたり、絵を描いたり、音楽にしたりと、受け手に理解可能な「符号（シンボル、サイン）」に変換することです。メッセージを作成する際は、メッセージの内容や、メッセージに影響を与える要素、メッセージの伝え方（扱い方）、また、メッセージをどのように構成し、どのようなコード（言語、非言語、ビデオ、音楽など）に変換するのかを考慮しなければなりません。

「C」はチャンネル（Channel）です。チャンネルというのは、メッセージが送り手から受け手に伝達される経路のことです。人間の五感である視覚、聴覚、嗅覚、味覚、触覚は、人間のコミュニケーションの重要なチャンネルになります。ここでいう「チャンネル」には、さまざまなものが含まれます。人と人とが直接対面して行なうコミュニケーションでは主に声がチャンネルとなりますが、音や映像を通して行なわれるコミュニケーションでは、ラジオやテレビ、インターネットなどもチャンネルとなります。そして、メッセージを内容（What）とするならば、チャンネルは、そのメッセージがどのような経路で（How）届いたのかという媒体です。

「R」は、メッセージの「受け手（Receiver）」です。受け手は、シンボルに変換して届けられた送り手のメッセージは何を伝えたかったのかを考えます。このプロセスを「**解読（Decoding）**」といいます。

ここまでみてきたように、バーローのモデルには、「符号化」と「解読」のプロセスは加わりましたが、やはりフィードバックの要素はない、一方通行のコミュニケーションです。

5．アクション・モデルのまとめ

ここまでアクション・モデルを４つみてきました。最後に４つのモデルに共通する特徴についてまとめておきます。

アクション・モデルは、人間のコミュニケーション行動を「送り手が受け手に何かをするアクション」のプロセスとしてとらえています。コミュニケーションは、「話し手の言葉で始まり、メッセージが聞き手に届くことで終わる」という考え方で、人間のコミュニケーション行動を、動きのない静的なものととら

えているのです。このモデルは、的に矢を射るプロセスにたとえられます。

　このモデルでは、聞き手が話し手の言うことを理解できなかった場合、「話し手のスピーチの仕方が悪かった」つまり、「うまく弓矢を射ることができなかった」「弓矢の的をはずしてしまった」からだと考えます。そのため、矢を的に当てるまで矢の先を磨くように、入念に言葉を磨くことが大切だとされました。

　また、「数射てば的に当たる」と思い、何回も同じ言葉を繰り返すことで、目的を達成しようとすることもありました。これは、送り手がいつでも受け手をコントロールできる、つまり、聞き手は常に話し手のなされるままになる受け身の存在であるという考え方です。そして、最終的に、「話し手の言葉を理解できなかったとしたら、それは、聞き手が悪い」と、コミュニケーションがうまくいかない理由を受け手の責任にしたりもしたのです。

　このように単純化して考えてしまうのは、「言葉のなかに意味がある」という思い込みがあったからです。自分が考えるある言葉の意味は、ほかの誰もが同じように考えて、同じように使っていると思っていたのです。同じ意味を共有しているはずの同じ言葉を話しているのだから、じょうずにスピーチをすれば、相手に自分の言葉の意味を理解してもらえて誤解は起こりえない、つまり、誰もが納得するはずだと考えたのです。しかし、実際の人間どうしのコミュニケーションでは、同じ言葉を使っていても、その言葉に寄せる思いは人それぞれ違うので、話し手の意図するとおりにコミュニケーションが進むとはかぎらず、誤解が起きるのです。

コラム
バーンランド先生の人となり 1

　バーンランド先生は、自分のアイディアをとても大切にする方でした。それと同時に、学生のアイディアも尊重し、研究にあたっては共に創造する研究者として労を惜しまずに、学生のために熱心な指導をされていました。私はバーンランド先生の指導を受けるたびに、先生の学問的な知識の豊かさや見識の高さ、人間的な愛情の深さを感じずにはいられませんでした。バーンランド先生は、本当にひとりひとりの立場を尊重し、時間をかけて学生を忍耐強く育ててくれる真の教育者だったと思います。

　また、バーンランド先生は、休暇がとれて少しでもお金に余裕ができると、すぐに世界中に飛び出していく「ワールド・トラベラー」でした。先生が旅した国々は 80 か国以上にものぼり、カメラが大好きだった先生は、行く先々を美しい写真に収め、旅行から戻るといつもそれをきれいにスライドに整理し保存していました。そして、バーンランド先生のお宅でよく開かれていたホームパーティーでは、いつも私たち学生をスライドショーで世界の旅に連れて行ってくれました。まだテレビの衛星放送もなければ、家庭にビデオデッキなどもない 1970 年代のことです。「みんな、今日はどこに旅したい？」と聞かれると私たちは「今日は中東」「今日は南米」などとリクエストをして、興味のある国々のスライドをたくさん見せてもらいました。

　バーンランド先生が写した外国の写真は、建物も人々も風景も、額に入れたらそのまま絵になるようなすばらしいものが多く、プロのカメラマンも顔負けの腕前だったと思います。ですから、先生のスライドショーは圧巻で、いつも感動させられていました。また スライドもさることながら、その一つ一つの写真についての紹介の仕方が、まるで現地の人が

自分の文化を語るかのように、いろいろな角度から自分の異文化体験を
まじえた おもしろおかしいお話になるので、スライドショーは毎回本当
に楽しみでした。私たちならきっと見過ごしてしまうような小さな出来
事の中にも、さまざまな意味を見いだし、驚くような解釈をして先生の
意味世界を私たちに見せてくれるのです。その洞察力の深さには、いつ
も驚かされました。先生のおかげ
で、世界中のいろいろな場所に旅
した気分になれましたし、1つの
ものをさまざまな角度から見るこ
とのできる広い視点を持つことの
大切さを学び、異文化コミュニ
ケーションについての興味もます
ます大きくなっていったのです。

第3章　伝統的なコミュニケーション・モデル2

　第3章では、もう1つの伝統的なコミュニケーション・モデルである「インターアクショナル・モデル」の特徴について学んでいきましょう。このモデルは「対話型モデル」「相互作用モデル」「円環モデル」と呼ばれることもあります。

1．インターアクショナル・モデル (Interactional Model)

　アメリカの心理学者のオズグッド (Charles E. Osgood; 1916-91) は1954年に、コミュニケーションは一方通行の線形のモデルではなく、送り手と受け手の双方向の円環型であることを提唱しました（オズグッドのモデル（Osgood's Model））。

　そして、オズグッドのこの概念についてアメリカのコミュニケーション学者シュラム (Wilbur L. Schramm; 1907-87) がその後、*The Process and Effects of Mass Communication*（マスコミュニケーションのプロセスと効果）という本を出版したため、このモデルは「オズグッドとシュラムのモデル（Osgood-Schramm Model）」とも呼ばれています。

　このモデルはシャノンとウィーバーのモデルを参考にしていますが、シュラムは メッセージが届いた時に受け手がどうするのか 受け手の立場を考慮した「フィードバック (feedback)」の概念を取り入れました。今まで一方通行としてとらえられていたコミュニケーション・モデルを双方向の循環するモデルとして初めて提唱したのです。

　そして、「的に矢を射る」モデルといわれるアクション・モデルに対し、このシュラムのインターアクショナル・モデルは、「話し手が何かを言う」のに反応して「聞き手が答える」、さらにレシーブで「話し手がコメントする」、そして「聞き手がさらに答える」という、話し手と聞き手が互いに応答し合うことから、ピンポンゲームのように考えられる学説です。

　お互いにやりとりをする「インターアクショナル・モデル」は、双方向でのコミュニケーションなので、一方通行のアクション・モデルよりは少し複雑になってはいますが、コミュニケーションのプロセスを、1つの「刺激」が次の「反

応」を生むという、非常に単純化された原因と結果の因果関係でしかとらえられていないという弱点があります。

　そして、一人がラケットで球を打ち、同じ球がもう一人（＝相手）によって打ち返されてくるピンポンゲームのように、コミュニケーションのプロセスが、「アクション」と「リアクション」という2つの分断された単純な過程としてとらえられています。しかし、実際のコミュニケーションでは、打ち返されてくる時に同じ球が返ってくるとはかぎりません。球の色や大きさ、形が変わって返ってくるかもしれません。むしろ、自分が打ったのと同じ球が返ってくることのほうが少ないのです。ですが、この理論では、言葉という入れ物の中には決まった意味があって、自分も相手も同じ言葉を使っているなら、同じ意味を共有していると思い込んでいるのです。つまり、1つのメッセージは1つのメッセージを、それも同じ意味のメッセージを共有していると誤解しているのです。

　ここまで第2章と第3章で説明してきた2つの理論のような単純化された図式が、人間のコミュニケーション行動を説明するのに長い間使われていましたが、複雑にからみ合う人間のダイナミックなコミュニケーションのプロセスを説明するには十分ではありません。なぜ話し手の思いが聞き手に伝わらないのか、話し手の意志を理解できず誤解が生まれるのかなど、実際の人間のコミュニケーション上で問題が起きる理由をこの単純な図式では説明できないのです。

　それでは、インターアクショナル・モデルであるオズグッドとシュラムのモデルについてみていきましょう。

2. オズグッドとシュラムのモデル (Osgood-Schramm Model)

　このモデルは、アクション・モデルの5つの要素（送り手、メッセージ、チャンネル、受け手、ノイズ）に、新しく「フィードバック」と「コンテクスト」という2つの要素が加わったものです。

　次ページの図で、送り手であると同時に受け手でもあるAは、メッセージを解釈します（interpret）。「解釈する」とは、メッセージの内容を理解しようとすることです。この「解釈する人」Aは、送るメッセージを作成します（＝符号化する（encode））。そして、相手Bによってフィードバックされたメッセージを「解読」します（decode）。ですから、「解釈する人」Aは、メッセージを作成、符号化し、フィードバックされたメッセージを解読するという、送り手

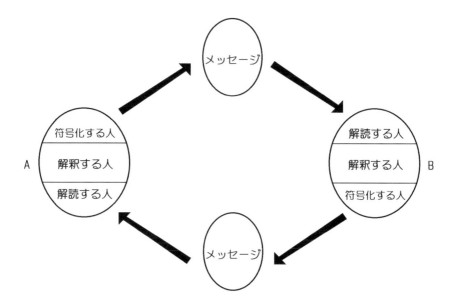

と受け手の両方の役割を１人で担う双方向のコミュニケーション・モデルになるのです。

　このモデルで「フィードバック」の概念が付け加えられて、送り手と受け手は平等にコミュニケーションの大切な担い手になりました。しかし、送り手からの１つのメッセージが届いてからでなければ、受け手はフィードバックできないという、コミュニケーションを２つの分断したプロセスとしてとらえられていることが弱点になっています。

フィードバック（feedback）

　話し手のメッセージに対する「聞き手の反応」が、話し手に返ってくるプロセスです。言語、非言語の両方があり、意図的あるいは非意図的でもある、双方向のコミュニケーションを指します。

コンテクスト（context）

　「文脈」「意味背景」とも呼ばれます。コミュニケーションが起きている場所や出来事を取り囲むすべての情報（どんな場所で、誰といるところで、何が起きているのか など）を指します。たとえば、親しい友人との会話なのか、初対面の人との会話なのか、大勢の友人たちとのパーティーでの会話なのか、二人でのロマンチックなディナーの時の会話なのか、といったその時の状況のことで、コミュニケーションに大きな影響を与える要因となります。

💬　**まとめてみよう**

　第2章で学んだ「アクション・モデル」と、この章で学んだ「インターアクショナル・モデル」の違いをあなたなりの言葉でまとめてみましょう。

　伝統的なコミュニケーション・モデルの特徴は理解できたでしょうか。次の章では、いよいよ、現代のコミュニケーション理論を学んでいきます。

コラム
バーンランド先生の人となり 2

　バーンランド先生は芸術にも造詣が深く、先生のお宅には世界各国で集めた数えきれないほどのアート（アフリカのマスクや、ピカソやミロ、日本の陶芸品にいたるまで）がきれいに展示されていて、まるで博物館や美術館にいるような気がしたものです。

　建築家になることも夢だったバーンランド先生は、サンフランシスコのゴールデン・ゲート・ブリッジを渡ったところにある、芸術家が多く住んでいることで有名なサウサリートの丘の上に住んでいました。そのご自宅は、先生みずからデザインや内装などを行ないました。時には、私たち学生も居間の壁のペンキ塗りに借り出されて、完成間近い先生のお家で、完成後を楽しく想像しながら、みんなでパーティーをしたりしました。大きな一枚ガラスで仕切られたバルコニーからは、サンフランシスコの町と湾が一望でき、オークランド・ベイブリッジやゴールデン・ゲート・ブリッジが見渡せる、夢のような景観でした。

　しかし、そのような豪華に見える美的な空間に住んでいても、バーンランド先生の日常生活はいたって質素で、シャツやジャケットにしても、私が学生だった 1970 年代のものを 10 年も 15 年も大切に着ていて、靴もいつも同じものを履いていました。ところが、同僚の先生のお話によると、バーンランド先生は 1970 年代どころか、彼が学生だった 1960 年代の頃の服も着ていたそうで、そんなエピソードに大笑いすると同時に、「先生は自分の好きなものを本当に大切にする人なんだ」と妙に感心したものです。そんなところもすべてバーンランド先生の魅力でした。先生のまわりにはいつも学生が大勢集っていて、その学生ひとりひとりに対して家族のように親身になって接してくださいました。それまで日本の大学で先生とこんなに近い距離でおつきあいすることがなかったので、学生に対する姿勢についてもバーンランド先生から多くのことを学ばせてもらいました。

第4章 トランズアクショナル・モデル1

　第2章と第3章では、初期の伝統的なコミュニケーション・モデルの特徴について学んできました。それではこの章からは、現代のコミュニケーション理論として広く知られているトランズアクショナル・モデルについて学んでいきましょう。

Action Model　→　Interactional Model　→　Transactional Model

　対人コミュニケーションの権威であるバーンランドは、「コミュニケーションとは何かに対しての「はたらきかけ（action）」ではなく、その「反応（reaction）」でもなく、何かとの「相互作用（interaction）」でもなく、人間がその時々の目的を達成するために、みずから主体的に「意味づけ（transaction）する」プロセスである」と述べています。そして、今では多くのコミュニケーション学者が、コミュニケーションを「意味づけ」のプロセスととらえています。

　ちなみに、「交流」と訳されることの多かった transaction を、このテキストでは、意味を共に創り上げるという意味で「意味共創」と訳すことにします。そして、Transactional Model を日本語に訳す場合は、バーンランドの「意味づけのプロセス」「意味共有のプロセス」という概念が正しく反映されるように、「意味共創モデル」とすることにします。

1．トランズアクションとは何か

　コミュニケーションは「意味づけのプロセス」なので、私たちは無意識であっても常になんらかの目的をもってコミュニケーションを行なっています。たとえば、「おはよう」という挨拶には、これからも続くよりよい人間関係を望んでいる気持ちが表われています。そのほか、情報をやりとりしたり、誰かに指示を出したり、相談をしたり、相談にのってあげたりと、ふだんの何気ないコミュニケーションにも、さまざまな目的が含まれています。

　私たちは、意味づけをするきっかけになる無数の刺激に囲まれて生活してい

ます。このおびただしい数の刺激の一つ一つに意味づけをすることは不可能です。ですから私たちは、その無数の刺激のなかから、自分にとって意味のあるものを選び出し、分類し、整理して、意味づけを行なっています。何を選び、どのように分類するのか、そしてそれを整理して、自分にとって納得のいく意味づけ（＝解釈）をするやり方は、私たちが長い時間をかけて、コミュニケーションの学習環境の中で学び、身につけてきたものです。

　たとえば、大きなスーパーマーケットに買い物に行ったとします。スーパーにはありとあらゆるものが売られています。食料品売り場だけでも、新鮮な野菜、肉、魚、乳製品、調味料、飲み物などがたくさんあります。そしてスーパーは、お客さんが買い物しやすいように、それぞれのものをきちんと分類して売っていますが、その分類方法は、誰でも共通に理解しています。肉や魚のような生鮮食品は調味料と同じ棚には置かれていないし、野菜売り場に売られてもいません。また、肉と魚の売り場は別々になっています。お惣菜、飲料、乳製品など、どのお店でも商品がだいたい同じように分類して並べられているので、初めてのお店でもさほど迷うことなく自分の買いたいものを見つけられるのです。

　そして、当然のことですが、買い物に行ってお店のすべてのものを買うわけではありません。少なくとも、前もって買いたいものを考えて、それなりの目的をもって買い物に行きます。たとえば、「今日の夕食はお肉と野菜にしよう」と思ったとします。そうすると、お肉の中から、牛肉にするのか、豚肉にするのか、ラムにするのか、ひき肉にするのか、自分の作るメニューにそってお肉を選んで、その売り場に行き、次に付け合わせの野菜を選び、飲み物も買い、レジでお金を払って買い物が終わります。買い物も、１つの目的をもって１つの仕事や業務をなし遂げることで、その目的が達成されます。このように目的が達成されることを英語では、「トランズアクション（transaction）」といいますが、目的をもって人間関係を構築していくという意味では、コミュニケーションのプロセスもトランズアクションであるといえます。

　ちなみに、先ほど、商品がどのように分類されているかを誰もが共通に理解していると述べましたが、もしバターを買いに行って、バターが乳製品売り場ではなく、調味料売り場に置かれていたら、バターを見つけることができないかもしれません。ですが、皆さんがスムーズに買い物できるのは、長年の経験から、きちんと店内の商品置き場の分類ができていて、どの売り場に何がある

のかを理解している、つまり「意味づけ」ができているからなのです。

　また、スーパーに行く人がみんな、同じものを買いたいと思って行くのではありません。スーパーに来た目的も、買いたいと思っているものも、そして品物の選び方や購入金額もそれぞれです。100 人いれば 100 通りの買い物の仕方があるはずです。

　同じように、コミュニケーションの意味づけの仕方もさまざまです。私たち人間は、個人個人が異なった意味世界に生きているので、同じ環境にいても、意味づけのきっかけとして選ぶものが異なり、また誰ひとりとして同じ体験をしていないので、そこから引き出される意味づけも異なるのです。それゆえ、コミュニケーションは、ひとりひとりにとって非常にユニークで創造的(creative)な行為であるといえるのです。そして、ほかの人と似たような意味づけができた時に、お互いに意味を共有して理解できたということになります。ですから、コミュニケーションをする時は、願わくば、相手の心の中に自分と同じ意味を創り上げてもらいたい(＝「意味共創」)と思って、身振り手振りや顔の表情、声のトーン、言葉づかいなどいろいろな方法をとりながら、同じような意味の共有を目指して努力するのです。

　そう考えると、コミュニケーションを、伝統的なモデルのように「情報が伝わるプロセス」ととらえるのではなく、「まわりの環境から刺激となるもの、意味づけのきっかけとなるものを選び出して知覚し、まわりの環境にうまく適応するための情報として積極的に「意味づけ」するプロセス」ととらえるほうが、人間のコミュニケーション行動をよりよく理解することができるのではないでしょうか。

2．トランズアクショナル・モデルの特徴

　バーンランドのトランズアクショナル・モデルには以下の 7 つの特徴があります。

- ・コミュニケーションは意味づけのプロセスである
- ・コミュニケーションは動的なプロセスである
- ・コミュニケーションは絶え間なく続くプロセスである
- ・コミュニケーションは循環するプロセスである
- ・コミュニケーションは繰返しがきかない

　　　・コミュニケーションはあと戻りできない
　　　・コミュニケーションは複雑なものである
　それでは、それぞれの特徴についてみていきましょう。

特徴1　「コミュニケーションは意味づけのプロセスである」

　私たちが住むこの世界の出来事に意味を見いだし価値を与えるのは、私たち人間です。赤ちゃんは意味など知らずにこの世に生まれてきますが、まわりの大切な人たちとのコミュニケーションや直接体験を重ねながら、自分自身のフィルターを通して、世界を知覚認識することを学んでいきます。そして、自分のまわりのいろいろなものに意味づけをし、分類しつなぎ合わせて、世の中の秩序や規範を理解していくのです。

　ちなみに、「意味」というものは、外の世界に存在するものではありません。意味は「存在する」というより、なんらかの刺激によって、人間の「心の中に生まれてくる」ものです。自然の中にたった一人でいても、「空がきれい」「鳥の声が聞こえる」「風がここちいい」など、心の中にいろんな意味が生じてきます。2人の人が話し合っている時は、話し手の心の中で意味が生まれ、コミュニケーションを通して、聞き手の心の中に話し手が意図したような意味が生まれるのです。コミュニケーションによって生まれるのは、どんな状況でも「言葉」ではなくて、「意味」なのです。つまり、コミュニケーションとは、人間の心の中に意味が生じてくるプロセスを表わしているのです。

　第2章と第3章で紹介した伝統的なコミュニケーション・モデルとこのトランズアクショナル・モデルで大きく異なるのは、「意味」というものは、受け身で誰かから与えられるものではなく、人間みずからが積極的に自分の心に発生させ、「創り出すもの」であるととらえている点です。バーンランド（Barnlund 1968:6）は、「コミュニケーションとは、まわりの環境にある刺激としての生のデータを、自分にとって意味ある情報に転換するプロセスである」と述べ、人間のこのようなコミュニケーションの意味づけの行為を「トランズアクション」と呼んでいます。

　私たちが生きているこの世の中は、すべてが自分の思いどおりに動いているわけではありません。不可解なことや納得できないことも多々あり、そのような状況に置かれると、私たちは不安に駆られるものです。そんな時は心の中で

あれこれと考えて、あいまいで不確実なものを少しでもなくし、納得することで、安心して気持ちよい生活ができるようになるのです。そのために、私たちの心はいつも、筋道の通った意味づけをしようとするのです。そして、この「意味づけをする」という創造的な行為がコミュニケーションなのです。

特徴2　「コミュニケーションは動的なプロセスである」

　伝統的なモデルでは、コミュニケーションを「動きのない静的(static)なもの」としてとらえていたのに対し、トランズアクショナル・モデルでは、コミュニケーションは人間の心の中に意味を生じさせる「動きのある動的(dynamic)なプロセス」であると考えます。

　私たちは、その瞬間瞬間に体験を重ね、意味づけをして生きていますが、その意味づけのしかたは、変わりゆく環境によって変化し、また自分自身も変化し、その変化した自分にかかわり合うほかの人たちも同じように変化していくものです。過去のコミュニケーションの経験から学ぶとともに、新たな体験を重ね、未来への期待にそって私たちは変化していくのです。そのようにして私たち人間は成長していくのです。

特徴3　「コミュニケーションは絶え間なく続くプロセスである」

　コミュニケーションはプロセスなので、明確な始まりと終わりがあるわけではありません。過去のどこからかやってきて、未来のどこかへ向かっていくものです。私たちの心の動きと同じように、1か所に立ち止まっているものではなく、川のように常に流れているものです。

　コミュニケーションが意味づけのプロセスならば、私たちは四六時中、まわりの世界から五感を通してさまざまな刺激を受けて、数えきれないほどの意味づけをしていることになります。そして、それが無意識であっても、意識的であっても、私たちは思考することをやめることができません。睡眠中でさえも精神活動は続いていて、コミュニケーションは起きていることになります。コミュニケーションが絶え間なく続くプロセスであることを、1960年代にアメリカでコミュニケーション学を学んだ日本人初の学者といわれている加藤秀俊は『自己表現』の中で、次のように述べています。

　　　人間のこころがどのような構造と機能をもっているのかについては、む

かしから多くの哲学者や心理学者が探求をつづけてきたが、その正体はまだよくわかっていない。しかし、われわれが経験的にほぼたしかなこととして知っている事実がひとつある。それは、われわれのこころが、つねにはたらきつづけている、という事実だ。

われわれの目は、つねに何かをとらえ、耳には何かがきこえている。鼻は、何かのにおいをさぐりあてているし、また、皮膚も何かを感じている。こうした感覚器官からのシゲキは、人間の脳中枢に達し、その瞬間瞬間の特定のこころの状態をつくりあげる。……

本人にしかわからないこのような「こころの状態」は、「実感」ということばで呼ばれたり、「体験」と呼ばれたり、あるいは、「実存」と呼ばれたりする。……

体験の流れは、とまることがない。とめようと思ってもとまらない。眠っているときでさえ、体験世界での記憶や反応が、あれこれの変形をうけて、夢というかたちで、われわれのこころのなかではたらきつづけている。

（加藤1970より抜粋）

　私たちはあまりにも当然のことのように、しかも無意識にコミュニケーションをして、多くの人にメッセージを送っています。そして、その私たちのコミュニケーション行動を知覚認識する人がいるかぎり、コミュニケーションは起きているので、私たちはコミュニケーションからのがれることができないのです。人間がコミュニケーションをやめられないということを、英語では、We cannot NOT communicate. と表わします。加藤が述べているように、人間の精神活動が続くかぎりコミュニケーションは続くことになり、コミュニケーションが終わる時、つまり「意味づけ」をやめる時は、人間が死ぬ時を意味するのです。

特徴4　「コミュニケーションは循環するプロセスである」
　コミュニケーションのプロセスは、伝統的な理論の「矢を射る」あるいは「ピンポンゲーム」のような線状の一方通行のプロセスではなく、流れるように動的であり、らせん状を描くように連続しながら交互に複雑にからみ合っています。
　そして、トランズアクショナル・モデルでは、コミュニケーションのどのプ

ロセスにおいても、原因と結果、刺激と反応、送り手と受け手、メッセージと媒体というように、2つの相対する局面をもっていることになります。たとえば、送り手と受け手の例で説明すると、情報の送り手は、送り手であると同時に受け手であり、受け手も受け手であると同時に送り手になります。つまり、送り手と受け手の区別はなく、二人が同時にコミュニケーションに参加するという考え方です。ですから、「送り手（sender）」「受け手（receiver）」というより、二人とも「伝達者、コミュニケーター（communicator）」と呼ぶほうがふさわしいのです。また、メッセージは、送られて（send）、受け取られる（receive）のではなく、伝達者である二人が符号化し（encode）、解読する（decode）ととらえます。このように、コミュニケーションは、二人が同時に参加する循環するプロセスなのです。

特徴5　「コミュニケーションは繰返しがきかない」

　人間は、同じ環境にいても、みんなが同じように意味づけをするわけではありません。みんな異なる個人の意味世界に住んでいるので、同じ言葉を聞いても同じように意味づけし、解釈するわけではないのです。また、同じ個人が別の日にもう一度同じ言葉を聞いても、全く同じように意味づけすることはできません。一度体験して意味づけし、解釈することで人間は変わるので、それをしなかったもとの自分には戻れないからです。つまり、人間は同じ意味づけを繰り返すことができないのです。

　たとえば、あなたがすばらしい映画を見て大感激したので、もう一度同じ映画を見に行ったとします。1回目と同じ感激を味わいたくて、初めて見た時と同じ気持ちでその映画を見たいと思っても、それはできません。あなたは、既にその映画を見て体験しているので、最初に映画を見た時の自分の体験を消して、映画を見ていない状態のあなたに戻ることはできないからです。

　ですから、完全に同じ体験を繰り返すことはできません。2回目の映画を見ているあなたは、1回目の映画を体験して映画の内容も結末もわかっている、2回目の体験をしているからです。2回目の映画体験は、もしかしたら、1回目ほど感激しないかもしれないし、あるいは1回目には気づかなかったことを発見して違う感激を味わうかもしれませんが、いずれにせよ、初回と同じ体験を繰り返すことは不可能なのです。

特徴6 「コミュニケーションはあと戻りできない」

コミュニケーションは、繰り返すことができないだけでなく、あと戻りもできません。物であれば、こわれても直してもとに戻すことができる場合もありますが、人間のコミュニケーションのプロセスではあと戻りすることはできないのです。

たとえば、仲のよい友人とささいなことでけんかになり、お互いに感情が高まり、心にもないことを口走り、傷つけ合ってけんか別れをしたとします。あとで冷静になって考えてみると、相手の言い分ももっともで、自分の配慮も足りなかったので、なんとかこのけんかは「水に流したい。なかったことにしたい」と後悔したとします。そして、その友人に連絡をし、「自分が悪かった。この前のけんかは水に流してほしい」と謝ったとします。しかし残念ながら、コミュニケーションの特徴を考えると、このけんかを水に流して なかったことにすることはできないのです。

なぜなら、二人はそのけんかを実際に体験したのですから、二人の記憶からその体験の事実を消し去ることはできないからです。あの時、激高して自分が相手に言ってしまった心ない言葉も、言い返されて傷ついた相手の言葉も、そしてその時の感情も、決して消すことも、忘れることもできないのです。大げんかをした二人は、そのけんかを体験しなかったもとの二人には戻れません。二人の間に起きたコミュニケーションの体験の歴史を消し去ることはできないのです。

そう言われると、最近けんかをした人は、「それでは、私たちはどうしたらいいのだろう」と心配になるかもしれません。だいじょうぶです。コミュニケーションはプロセスであり、動的に流れています。皆さんがいつも主体的に積極的に意味づけし行動することで、いつでもこの流れを変えることができるのです。たとえば、このけんかした友人とは、「もうこのまま会わずに終わってもいい」と意味づけをして、何もしないという選択肢もあります。でもその場合は、「相手が悪かったから、けんか別れしたのだ」ではなく、けんか別れの原因の半分は、消極的に何もしない選択をして人間関係を終わらせた自分にあるのです。決して相手が一方的に悪くて別れたのではなく、消極的であれ、自分の意志や選択で別れたのです。

あるいは、「勇気をもって謝ろう。このまま何もしないで人間関係を終わらせ

るのではなく、相手が許してくれなくても誠意を尽くして謝ってみよう」と「意味づけ」し、謝るというコミュニケーション行動をとったとします。そうすると、謝ることによって、お互いの信頼関係を取り戻し、けんかをする前よりももっとよい人間関係を創り上げていくことができる可能性もあります。消極的に何もしないで、お互いに傷を背負ったまま生きていくのか、あるいは、勇気をもって積極的に謝ってみようと思い、よりよい人間関係に修復していくのかは、自分自身の意味づけと選択にかかっています。

　しかし残念ながら、勇気をもって謝っても人間関係がもとどおりにならないことがあるかもしれません。ですが、できるかぎりの努力をしたのであれば、何もしないで終わるよりは、自分なりに納得がいき後悔がないはずです。

特徴7　「コミュニケーションは複雑なものである」

　ここまで学んできたように、コミュニケーションが意味づけのプロセスであるということだけで、コミュニケーションがいかに複雑にからみ合い入り組んだものであるかがわかると思います。それに加え、情報の伝達者の人柄や社会的立場、コミュニケーションの動機や目的、その時の心理的要因や身体的要因、発せられるメッセージが言語か非言語か、またコミュニケーションが起きている環境がどんなものかなど、実にさまざまな要因がコミュニケーション行動に影響を与えます。

　そして、そんなコミュニケーションは、動的に絶え間なく続き、循環しています。また、コミュニケーションが対人コミュニケーションなのか、集団コミュニケーションなのか、組織コミュニケーションなのか、あるいは異文化コミュニケーションなのかといった、コミュニケーションのレベルによる相違もコミュニケーションを複雑にします。

　ですから、円滑なコミュニケーションをするには、わかりやすい言葉で話されているか、あいまいに意味を含ませた話し方になっていないか、非言語コミュニケーションは話す言葉と矛盾していないかなど、多くの要因を考えなければなりません。

　このように、コミュニケーションは複雑なものですが、時として、本来円滑にいくはずのコミュニケーションを自分でこじらせていることがあります。以下の例で考えてみましょう。

うまく話せないのは誰のせい？

「私は人前で話すのが苦手だ。うまく話せたことがない。みんな私の話をへただと思っている」と、自分で自分をとらえているとします。発表で話す前から「自分は話せない」と思っているので、人前に出ると、すぐに心臓がどきどきして、あがってしまいます。「やっぱりだめだ。どうしよう」と思い、頭がますますまっ白になって、しどろもどろになります。なんとか発表を終えて席に着いても、まだ心臓がどきどきしています。そんな私に、近くにいた仲のよい友人が、「今日はちょっとあがっていたね」と声をかけてきました。「ほら、やっぱり、私のスピーチをへただと思ったでしょう。だから、人前での発表は本当にいやなの」と思ってしまいます。

それでは、この例で何が問題なのか、順を追ってみていきましょう。

１．自分自身の見方

まず、自分で自分のことを「人前で話すのがへただ」と思っている自分がいます。これは、「自分は話すのがへただ」と意味づけして、自分で自分のことをそのように思い込んでいるので、結局自分が意味づけしたようなコミュニケーション行動をとってしまうのです。

２．ほかの人の自分に対するイメージ

自分の発表を見て友人が「あがっていたね」と声をかけてくれましたが、「ほら、やっぱり、私のスピーチをへただと思ったでしょう」と心の中で思ってしまいます。「あなたにそう言われるから、私はますますできなくなるのよ」と、自分がうまくスピーチできないのを友人のせいにしたりもします。

3．創り上げたイメージの刷り込み

「自分はスピーチがへただし、みんなもそう思っている」と自分のイメージを創り上げます。そして、それが繰り返されると、まわりの人の自分に対するイメージもでき上がってしまいます。

最初に問題となるのは、トランズアクショナル・モデルでいう、自分の

とらえ方です。「自分は人前で話すのがへただから、失敗する」と最初から意味づけしていることです。人間は不思議なもので、自分が思ったように（＝意味づけしたように）行動するものです。「スピーチはへただし、だめだ」と思って話せば、そのような結果になるのです。

　ですから、もしあなたがこの例のような状況になったら、まず、自分のとらえ方を変えてみましょう。「私はスピーチはそんなにじょうずじゃないけれど、言いたいことをゆっくり話してみよう」と。そして、発表している時も、見られている自分の心配をするのではなく、「自分の話を聞いてくれるみんなのために、一生懸命発表してみよう」というように、発想の転換をはかってみましょう。そうすると、意外と落ちついて話せるものです。発表が終わって席に着くと友人が、「今日は、落ちついてよく話せていたね」とコメントをくれるかもしれません。少し落ちついて話そうと気をつけるだけで、コミュニケーションは大きく変わります。その変化に友人はすぐに気づいて、「落ちついていたね」という感想につながるのです。

　このように、自分自身のとらえ方や心の持ち方、そして自分に対する意味づけを少し変えてみることで、あなたのコミュニケーションが変わり、それを見ているまわりの人のあなたに対する見方も変化します。そうすると、まわりの人たちのあなたに対する意味づけが変わり、コミュニケーションのしかたも変わってくるはずです。つまり、あなたが自分自身をどのようにとらえ、どのようにコミュニケーションしているのかが、まわりにいる人たちのあなたに対する評価に大きくかかわり、その評価がまた、あなたのあなた自身に対する見方を変えてくれるのです。

　あなたがまわりの人のことを、「この人はこんな人で、あの人はあんな人」と思っているのは、あなたが知覚し創り上げたその人のイメージであって、その人の本当の姿ではないでしょうし、あなたのまわりの人たちの目に映るあなたは、彼らが創り上げた彼らのイメージのあなたでしかありません。あなたのまわりの人があなたに対してどんなイメージを創り上げているのかは、実のところ、全くわからないものです。しかし、あなたのあなた自身に対するとらえ方ひとつで、まわりの人が抱くあなたのイメージは、コ

ミュニケーションを通してかかわり合っていく中で修正され、少しずつ本当のあなたに近いものになっていくのです。

　ここまで説明してきた特徴をもつトランズアクショナル・モデルを図式化するとどうなるかを、次章でみていくことにします。

コラム
1950、60年代のアメリカのコミュニケーション学

　1950年代初めにバーンランド先生がノースウェスタン大学でコミュニケーション学を教えていた頃は、「コミュニケーション」という言葉の意味が今とはずいぶん違っていたようです。その頃コミュニケーションという言葉に対して大きな比重がおかれていたのは「スピーチ」という概念で、バーンランド先生はスピーチ学部（College of Speech）で教えていました。そして、スピーチ学部はさらに6つの学科に分かれ、その学科名もシアター（Theater）、ラジオ（Radio）、スピーチ・セラピー（Speech Therapy）など、私たちが今「コミュニケーション」という言葉から連想するものとは違っていたのです。また、当時のアメリカの大学は、大部分が白人の、それも男子学生の多いキャンパスがほとんどで、他の文化圏からの留学生はほぼいなかったそうです。

　そんな中で、バーンランド先生が強い関心を持つようになったのが、コミュニケーションのグループ・プロセスを取り上げたものでした。その後、バーンランド先生は、「Group Process」「Group Interaction」「Group Dynamics」の分野での研究を続け、1960年にグループ・コミュニケーションについて書いた *The Dynamics of Discussion* を共著で出版し、これが彼にとって最初の本となりました。この本は、人間のコミュニケーション行動を科学的な方法で調査した画期的な研究として今でも高い評価を得ています。

　その後、バーンランド先生の関心は、グループ・コミュニケーションから、少しずつ、対人コミュニケーションに移り、1960年代は対人コミュニケーションの分野でも研究をされました。そして、1968年に対人コミュニケーション研究の成果を *Interpersonal Communication: Survey and Studies* に書き上げ、出版されました。

第5章　トランズアクショナル・モデル2

　バーンランドのコミュニケーション・モデルの図には、第4章で紹介したトランズアクショナル・モデルの特徴が表わされています。一見非常に複雑な図に見えますが、要素を1つずつ見ていくと、それほどむずかしくありません。それでは、一緒に見ていきましょう。

　まず、1人の人間の頭の中で起きている「自己内コミュニケーション」の図を見てみます。

1．自己内コミュニケーション

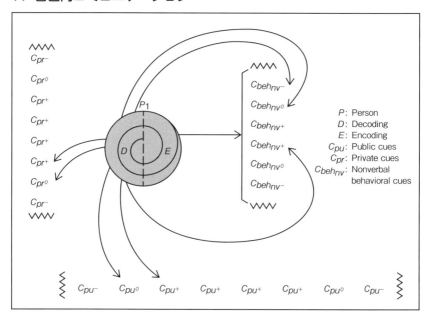

　この図を理解するために、まずグレーの円の部分を取り出してみます。このグレーの円は人間の頭の中です。

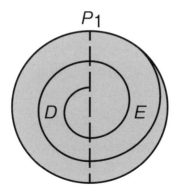

　この図の上のほうに書いてある「**P1**」は、人間（Person）のことです。1 人
の人間の中でコミュニケーションが起きている自己内コミュニケーションなので、
「P1」と書かれているのです。「P」は意味づけしメッセージを言語や非言語に
変換（＝符号化）して、コミュニケーションのプロセスを開始する人です。

　「**E**」は Encoding で、自分で意味づけしたものをほかの人に理解してもらう
ためのメッセージに変換（＝符号化）するプロセスを表わします。

　「**D**」は Decoding で、符号化されたメッセージを「解読」し、意味を決定す
るプロセスです。

　グレーの円の中の「**渦巻線**（らせん）」は、頭の中で意味づけのプロセスが起
きていて、「符号化（E）」と「解読（D）」が同時に行なわれていることを表わし
ています。これは、トランズアクショナル・モデルの特徴です。そして、コミュ
ニケーションは、絶え間なく続く動的なプロセスで、繰返しもあと戻りもでき
ないなどの特徴も表わしています。

　それでは、38 ページの自己内コミュニケーションの全体図に戻って見てみま
しょう。図の中のほかの記号について説明していきます。Cpr や Cpu などの
記号がたくさん並んでいますが、この中の「**C**」は「キュー（Cue）」で、知覚
をするきっかけとなる手がかりや合図を表わし、意味づけを起こさせる「きっ
かけ」になるものすべてを含みます。ちなみに、バーンランドのモデルでは、
以下の 3 つのキューが示されています。

公的なキュー (Cpu:Public cues)

　私たちが置かれている環境や状況のうち、意味づけのきっかけとなるものすべてが含まれます。温度、湿度、雨、台風、嵐などの自然環境だけでなく、その環境をここちよいものにするために人間が創り出した人工的なものなども、公的なキューになります。

私的なキュー (Cpr:Private cues)

　自分が置かれている環境の中で、個人的に関心があること、興味がひかれた物など、心理的コンテクストの中で起きているものを指します。人間の五感も含まれます。言語の場合と非言語の場合があります。

非言語行動のキュー (Cbeh$_{nv}$:Nonverbal behavioral cues)

　意味づけのきっかけになる自分の行動で、この自己内コミュニケーションの図では相手がいないので会話がないため、言語のキューはなく、非言語のキューだけになっています。

　3つのキューのあとには必ず「＋（プラス）」「0（ゼロ）」「－（マイナス）」のうちのどれかが付いています。「＋」「0」「－」の記号は、意味づけされたものがどのようにとらえられているかを表わしています。肯定的にとらえられた場合は「＋」、否定的にとらえられた場合は「－」、そしてニュートラルの場合は「0」で表わしています。つまり、知覚されたものが意味づけのしかたによって、好意的に解釈されたり（＋）、否定的な感情でとらえられたり（－）、あるいはあまり意識に上らなかったり（0）しているということです。

　私たちはまわりの環境にあるいろいろなものを知覚しますが、そのすべてを肯定的に意味づけしているわけではありません。目に写っていても気づかない（0）こともありますし、気持ちがよくないと感じる（－）こともあります。

　キューをくくるように描かれている「ぎざぎざ線」は、意味づけのきっかけになるキューが無限にあることを表わしています。コミュニケーションは意味づけのプロセスで、五感で感じるものすべてが知覚のきっかけであるキューになる可能性があるなら、それは置かれている環境の中に無数にあるということ

をぎざぎざ線で表わしているのです。

　人間の頭であるグレーの円から出ている「**実線の矢印**」は、この人（P1）がまわりの環境に積極的に意味づけをしていることを示しています。この矢印は必ず、人間の頭の中から外へ向かって描かれます。決して人間のほうに向かっては描かれません。そのように描かれた矢印は、人間は意味づけのきっかけになるどんな刺激に対しても、受け身ではなく、主体的に意味づけを行なっているということを表わしているのです。

　それでは、このコミュニケーション・モデルを、具体的な状況にあてはめて考えてみましょう。

　あなたは今日の授業の参考文献について聞きたいと思い、担当の先生にアポイントメントを取りました。午後の最後の授業のあとオフィスに来て待っているようにと言われたあなたは、先生のオフィスに行きました。

　あなたは先生のオフィスのドアをノックします（$Cbeh_{nv}^0$）。応答がありません（Cpu^0）。先生が不在の場合は、オフィス内で待つように言われていたので、あなたは中で待つことにしました（$Cbeh_{nv}^0$）。ドアを開けて先生のオフィスに入ると（$Cbeh_{nv}^0$）、初めて先生のオフィスに入ったあなたは、オフィスの中のさまざまなものに目が行きます（Cpr^0）。

　先生のオフィスには意味づけのきっかけになる無数のキューがあるのですが、その中から、自分が関心のあるものを選んで知覚し意味づけが始まります。あなたがまず目についたのは、壁に備え付けの本棚にびっしり並べられている本です。「こんなにたくさんの本があるんだ。すごいなぁ」（Cpr^+）。また、壁には大きな丸い壁掛け時計があり、その横には猫のカレンダーが掛かっていました。「先生も猫が好きなのかなぁ」とカレンダーを見て思いました（Cpr^+）。そして、花の淡い香りがするのでふと棚を見ると、そこには自分も好きなポプリが入ったガラスの容器がありました。「あっ、ポプリだ」（Cpr^+）。ポプリの香りがここちよくて、少し気持ちが落ちついてきたので、テーブル横の椅子に腰かけました（$Cbeh_{nv}^0$）。テーブルの上には卒業生が書いた卒業論文が置いてありました（Cpu^0）。めくって目次を見ると、自分の関心のある研究テーマが書かれていて、「自分も

こういう論文を書きたいなぁ」と思いました（Cpr$^+$）。そうこうしていると、オフィスのドアが開く音が聞こえました（Cpu^0）。

2. 対人コミュニケーション

今度は、2人の人間の間に起きる対人コミュニケーションの図を見ていきます。

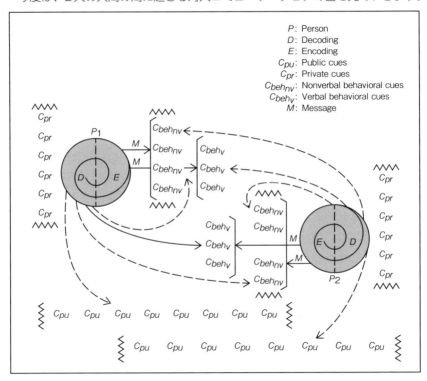

これはバーンランドの対人コミュニケーションの図ですが、自己内コミュニケーションの図と違うのは、自己内コミュニケーションでは1人だった人間が、対人コミュニケーションでは2人になったことと、「メッセージ（M）」と「言語行動のキュー（Cbeh$_V$）」の2つの記号が増えたことです。

「M」はメッセージで、意味づけのきっかけになるキューを言語または非言語に符号化（E）したものです。

　人間「P」は 2 人なので、「P1」と「P2」になりました。そして、「P」で表わされているグレーの円は、「P1」と「P2」それぞれの頭の中で、「符号化(E)」と「解読(D)」が同時に相互依存しながら起きていることを表わしています。この図では、「P1」と「P2」がそれぞれ、積極的に意味づけをしているプロセスが表わされているのです。順を追って見ていきましょう。

　P1 は P2 に話しかけます。つまり、符号化(＝言語化)した「メッセージ(M)」を「言語行動のキュー($Cbeh_V$)」として P2 に送るのです。この時、言語のメッセージだけでなく、顔の表情や視線、声のトーンなどの「非言語行動のキュー($Cbeh_{nv}$)」も一緒に送っています。

　頭の中から外に向かっている「**実線**」は、自分で意味づけしたことをメッセージに変換、つまり符号化(E)しているプロセスです。それに対し、「**点線**」は、相手からのメッセージ(言語、非言語)を解読(D)しているプロセスを表わしています。

　図を見るとわかるように、P1 も P2 も、送り手か受け手のどちらかとしてではなく、符号化(E)と解読(D)を同時に行なう伝達者として、コミュニケーションに参加しているのです。そして、同じように重要な役割の担い手としてフィードバックをしていることも表わしています。

　そして、コミュニケーションをする時は、環境の中にいつもノイズがあって、コミュニケーションの障害になることも考慮しなければなりません。ノイズには、それぞれの伝達者自身のバックグラウンドや過去の体験、態度、文化的価値観や自己肯定感などが含まれ、個人の意味づけのプロセスに大きな影響を与えます(ノイズについては、14 ページ参照)。

　ちなみに、このモデルでは、行動のきっかけとなるキュー(言語と非言語)、コミュニケーションの環境もメッセージの一部として考えます。

　それでは、この対人コミュニケーションを、先ほどの自己内コミュニケーションの続きの例として考えてみましょう。

ドアが開く音がしてすぐ、先生がほほえみながら入ってきました($Cbeh_{nv}^+$)。先生がやさしい声で「お待たせしました」と言いました($Cbeh_v^+$)。そしてあなたは、少し緊張した面持ちで椅子から立ち上がりました($Cbeh_{nv}^0$)。「そのまますわっていて」($Cbeh_v^0$)と先生が声をかけてくれたので、すわっていた椅子に腰をおろしました($Cbeh_{nv}^0$)。先生は自分の椅子にすわって時計に目をやり($Cbeh_{nv}^0$)、「待たせてしまってごめんなさいね」($Cbeh_v^+$)と言いました。

近くで見る先生は、半袖のカジュアルなシャツに合う薄い青のジーンズにまっ白なウォーキングシューズがとてもさわやかで、いつも教室で遠目に見ているよりも若い印象でした(Cpr^+)。そして、整理整頓された机には2台のパソコンと資料がきれいに並べられていて、先生の几帳面さを感じました(Cpr^+)。

そして二人は、ようやく本題の授業の参考文献についての話し合いに入っていきます。このあと二人は、協働してコミュニケーション（＝意味づけ）を行なっていくのです。しかし実際は、ここまで見てきたように、既に二人の間には多くの言語、非言語のコミュニケーションが起きています。

　人は単にメッセージをやりとりしているのではありません。協働で意味を創り上げ、共有することをコミュニケーションの目的としているのです。人は、人間関係を築き、自己のアイデンティティを形成するために文化背景の異なる人とも協力してコミュニケーションをとり、共同体を発展させます。そして、相互理解するには、双方がお互いのバックグラウンドであるコンテクストを理解する必要があります。人間のコミュニケーション行動は非常に複雑なので、単純化された図で表わすのはむずかしいのですが、ここまで見てきたバーンランドのトランズアクショナル・モデルの図は、人間のコミュニケーションがダイナミックなプロセスであり、人間が与えられたコンテクストの中で主体的にかかわって意味づけをしているということをわかりやすく説明していると思います。

　全く異なる意味世界に住む人どうしがコミュニケーションを通して、自分の

頭の中にあるのと同じ意味を相手の心の中に創り上げるのは、本当にむずかしいことです。不可能だと言ってもいいかもしれません。ですから、せめて1％でも多く似たような意味を創り上げられるよう努力することが必要なのです。そのために、私たちは、もっと積極的にコミュニケーションをしなければならないのです。そして、このコミュニケーションのプロセスを通してコミュニケーションすることで、双方の人間関係の発展につながっていくのです。

 まとめてみよう

以下の3つのモデルの特徴について、あなたなりの言葉でまとめてみましょう。
① アクション・モデル
② インターアクショナル・モデル
③ トランズアクショナル・モデル

では最後に、バーンランド自身が「伝統的なモデルと現代のモデルとの違い」をまとめた表を挙げておきます。

伝統的なモデル	現代のモデル
1．意味はメッセージの中にあり、言葉を通して共有される。（同じ言葉を使えば、意味も同じ）	1．意味は人々の心の中にある。メッセージは意味を引き出すためのきっかけの一部にすぎない。
2．コミュニケーションにおいて力を持つのは言語（特に送り手の言葉）である。	2．多種多様なコードやシンボルがあり、意味は体じゅうから漏れ出てくるものなのだ。
3．コミュニケーションとは、慎重な、そして境界のある行為である。始まりと終わりがあって、それ以上長くなったり短くなったりしないのだ。	3．コミュニケーションは生まれてから死ぬまで続くプロセスである。沈黙にも、しゃべっているのと同じように意味がある。

4．送り手と受け手の役割ははっきりと分かれていて、比較的固定されている。	4．送り手と受け手は区別できない。私たちは常に両方の役割を同時に行なっている。
5．言葉と説得力のある話し方を訓練することがいちばん役に立つ。	5．共感力を養うことのほうが、言葉を訓練することよりも重要である。
6．コンテクストは言葉ほど重要ではない。状況、態度、ジェスチャー、空間、時間、声の属性は、それほど重要ではない。	6．文化背景の異なる人との出会いでは、コンテクストを考慮すべきである。状況、外見、空間、時間、声や視覚的な要因がいちばん大切である。
7．フィードバックはもとのメッセージほど重要ではない。但し、メッセージを修正するのには役に立つこともある。	7．コミュニケーションは線状のプロセスではなく、循環している。そして、フィードバックはフィードフォワードに対するものなのだ。
8．コミュニケーションが失敗した時、送り手は受け手のせいにし、受け手は送り手のせいにする。	8．コミュニケーションが失敗した時の責任は共有され、送り手も受け手も失敗に対して相互に責任を持つ。
9．コミュニケーションがうまくいかなかった時は、強い感情的な反応をひき起こして、弁解がましくなったり批判的になったりしがち。	9．コミュニケーションがうまくいかなかったら、それは共同責任なので、お互いの根底にある文化背景や個人の土台となっているものをあらためて確認する努力が必要。
10．（同じように考えていることが前提なので）コミュニケーションすることで理解できる、と考える。もし理解できないなら、どちらかが悪い。	10．（考え方が違うことが前提なので）意味の共有がうまくいかないということは、いつでもある程度起こりうる、と思っている。伝達者は、コミュニケーションのプロセスは時間がかかり、むずかしいもので、おおよそのものだと思っている。

11. 伝統的なモデルは、異なる文化や組織の代表者どうしが改まった場で会う場合に最も適している。	11. 現代のトランズアクショナル・モデルは、異なる背景の人どうしが、形式ばらない場で自発的に会う場合に最も適している。
12. このモデルの限界は、(コミュニケーションが起きている) 状況や場面、時間、空間、非言語の変数が与える影響を無視したり、最小化したりしがちなことだ。	12. このモデルの限界は、コミュニケーションを広くとらえがちなので、意味に影響を与えそうな要因としてあらゆるものを含めてしまうことだ。

コラム
1970年代の異文化コミュニケーション研究

　異文化コミュニケーション (Intercultural Communication) の分野がアメリカの大学で開講され始めたのは1970年代になってからですが、当時 異文化コミュニケーションはまだ目新しい分野で、その分野に関する研究もテキストも非常に少ない状態でした。思い起こせば、私が1970年代後半に初めて目にした異文化コミュニケーションの専門的なテキストは、バーンランド先生 (Dean C. Barnlund) の *Public and Private Self in Japan and the United States* とコンドン先生 (John C. Condon) の *An Introduction to Intercultural Communication* の2冊でした。

　バーンランド先生のこの著書は、日本語版が1979年に『日本人の表現構造』として出版され、異文化コミュニケーション研究の代表的なものとして多くの人に知られています。この中でバーンランド先生は、日米のコミュニケーション・スタイルの違いを言語と非言語の両方の側面から調査し、日本人とアメリカ人が「公的自己」と「私的自己」をどのようにとらえているのかを「ジョハリの窓」の理論に基づいて検証しました (第14章参照)。

　その結果、アメリカ人は日本人よりも「公的自己」が大きく、言語的には、日本人より多くの話題について自己開示することを見いだしました。また、好まれる話題や話す相手は両文化であまり差はないものの、自己開示して他者と共有する度合いは、日本人よりアメリカ人のほうがはるかに高いことがわかりました。また、非言語コミュニケーションについても、アメリカ人は日本人のほぼ2倍、身体的な接触をしているということを見いだしました。そして、これらの言語、非言語によるデータから、日本人の「公的自己」の領域はアメリカ人より狭く、「私的自己」の領域がアメリカ人よりも広いことが明らかになりました。

　バーンランド先生のこの著書での研究のねらいは2つありました。1つは、「公的自己」と「私的自己」がコミュニケーション行動に及ぼす影

響や、実際の場面で人々がどのように対面するのか、そのコミュニケーション行動の相違を探究する理論的枠組みを開発することでした。そして、それは「日本人とアメリカ人の異文化理解をはばむ要因の一つとして、日本人とアメリカ人の対人的な接近度に根本的な違いがある」という仮定のもとに探究されました。もう1つのねらいは、コミュニケーション・ストラテジーに関するデータを収集して、そのデータを使って日米のコミュニケーション・スタイルに相違があるのかどうか、あるとすれば、その相違は社会的・文化的にどのような意味があるのかを考察することでした。そして、日米のコミュニケーション・スタイルの違いは、両者の文化的背景によるものであると結論づけています。

　ちなみに、バーンランド先生のこの研究は、日米の社会的・文化的な相違を探究する理論的枠組みを用いて仮説を立て、調査結果を定量的に示し、客観的なデータによって仮説の裏付けを行ない考察している点が画期的で、日本のコミュニケーション研究で初めての実証的研究として高く評価されています。

　バーンランド先生は前述の著書の中で、「人間の性格と社会構造は相互に切っても切れない関係にある、という前提がある。つまり、人はひとりひとりが社会の創造者であると同時に、明らかにその産物でもある。個人の行為は、いやおうなしにその文化の枠内に置かれており、また文化の規制力は、個人の行為から生まれている」と述べています。私たち人間が、自分自身を自分以外の他の人間から成り立つ社会に結びつけるために用いるさまざまなコミュニケーション・スタイルを調査することで、社会的な意義を見いだそうとしたバーンランド先生のこの研究は、日本にまだ異文化コミュニケーションの分野が確立していない1970年代、日本の異文化コミュニケーションの分野を推し進めていく第一歩であったとともに、異文化コミュニケーション研究を大きく飛躍させたすばらしい研究だったと思います。

第二部

コミュニケーションと知覚

第6章　知覚の仕組みとはたらき

　第一部では、私たちは無数の刺激の中から自分にとって意味がある刺激を選び出して意味づけし、まわりの人間関係や社会にうまく適応できるようにコミュニケーションをしているということを学びました。この章では、コミュニケーションが知覚を通して行なわれる「意味づけのプロセス」であるという基本概念をもとに、「知覚」とは何か、その仕組みやはたらきについてみていくことにします。

1．知覚とは何か

　私たち人間は、まわりの人々とかかわり、さまざまな出来事の中で生きています。そして、世の中で起きていることを、五感を通して知覚、認識しています。自分を取り囲む環境の中で、人々の話し声や騒音などを聞き、食べ物や飲み物を味わい、香りを楽しみます。また、手に触れるものを感じ取ります。このように、私たちはおびただしい数の刺激の中で生きているのです。つまり、私たちは静寂な無の世界に生きているのではなく、常に自分のまわりで起きているさまざまな出来事に日々さらされて生きているのです。

　そして、私たちは五感を通して、興味の対象となる刺激を選び出して、自分が納得するようにまわりの世界を解釈しているのですが、このようなプロセスを心の中で一瞬のうちに行なっているのです。しかもそのプロセスは無意識で行なわれることが多いので、みずから積極的に行なっていることに気づかない人がほとんどです。

　このように、自分の皮膚の外にある世界を五感を通して感じ取ることを、「知覚する」といいます。つまり、まわりにあるものやまわりで起きていることの中から、自分の五感を通して感じる刺激がきっかけになって、自分にとって意味があるものを選び出し、頭の中で整理（＝構成）して、自分のまわりの世界が自分にとってきちんとしたものとなるように意味づけ（＝解釈）するプロセスが「知覚」なのです。

　そして、五感という自分のフィルターを通して知覚し、自分なりに意味づけ

し納得したものが自分にとっての現実となります。つまり、現実とは、自分の頭の中で創り上げた、自分色に染まっている自分だけの現実なので、誰ひとりとして同じ現実を生きてはいないのです。

　ですから、私たちにとっての現実とは、その人の「主観」であり、「価値観」であり、「個人的な見解」にすぎません。そしてまた、その見解について「こうである」あるいは「こうあってほしい」という「予測」でしかないのです。

2．知覚と現実の関係

　それではここで、知覚のプロセスと現実の関係について考えてみましょう。もしも意味づけのプロセスであるコミュニケーションが、知覚のプロセスを通して、個人の「現実」を創り上げているのなら、その知覚のプロセスがどのように起きていて、私たちが現実だと思っているものとどのようにかかわっているのかを理解しなければなりません。まずは、あなたにとっての現実は何なのかを考えてみましょう。

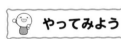

やってみよう

１．皆さんは、現在の学生生活についてどう思っていますか。満足のいく楽しい毎日ですか。どう思っているのか、そして、その理由についても話し合ってみましょう。

２．自分と異なる考えに遭遇した時のことを思い出してください（たとえば、自分がいいと思ったものを家族や友人などがよく思っていなかった例、自分が好きなものをほかの人に好きではないと言われた例など）。いつ、どこで、何の話題で、どんなふうに考えが合わなかったのか、その時の体験を話し合ってみましょう。そして、意見が合わなかった時にどのようなコミュニケーション行動をとったのかも話しましょう。

3．知覚のしかたは人それぞれ

　学生生活についても、日々の体験はそれぞれ異なり、誰ひとりとして同じで

はないので、きっといろいろな思いが出てきたことでしょう。大学生活が楽しいと思う人もいれば、それほどでもないと思う人もいるでしょう。満足のいく学生生活を送っている人もいれば、そうでない人もいるでしょう。100人の学生がいれば、100通りの学生生活の意味があるはずです。学生生活といっても、誰も同じ現実を生きてはいないのです。つまり、知覚される現実とは、個人のフィルターを通したその人だけの見解であって、人の数だけの意味づけがあるということです。

　2問目をやってみて、あなたの現実は見えてきましたか？　話し合いではどんな体験例が出たでしょうか？　中には、以下のような例もあったのではないでしょうか。

同じ映画についてのコメント

　「こんなすばらしい映画、今まで見たことがない。またもう一度見に来たい」
　「おもしろいって聞いてきたけど、この映画のどこがいいのかよくわからない。お金と時間のむだだった」

同じ大学の授業についてのコメント

　「あの先生の授業はおもしろくて最高だった。あなたもぜひとったらいいと思う」
　「あの先生の授業は自分には合わないし、ちっとも興味をひかれない。この授業がおもしろいって言う友人の気が知れない」

同じレストランについてのコメント

　「ここのエスニック料理は、何を食べても本当においしい。今までこんなにおいしいのを食べたことはないし、この辛さがたまならい」
　「ここのエスニック料理は、どれも辛すぎて口に合わない。この料理のどこがおいしいのか、全くわからない」

　このような会話は、ふだんの生活でよく耳にするものなので、皆さんの中にも似たような体験をした人がいることでしょう。同じ場所で同じものを見聞きしても、なぜ人間は同じように受け取らないのでしょうか。「この先生の授業が好きだ」という人もいれば、「好きではない」という人もいます。「この絵はすばらしい」という人もいれば、「これのどこがすばらしいのかわからない」とい

う人もいます。これらの例が示すように、私たちは同じ出来事に対しても、好きなものと好きではないものを区別し、積極的に自分なりの意味づけをしているのです。

　先ほどの やってみよう で問うた学生生活に対する思いも、それぞれの現実に対する個人的な見解であって、それぞれが過去の体験から学んだ現実についての、その人にとっての予測でしかありません。つまり、誰もが、自分の頭の中で創り上げたほかの人とは異なる意味世界で自分だけの現実を生きているということとなのです。

4．現実は知覚を通して創られる

　コミュニケーションは、言い方を変えると、自分の頭の中で知覚のプロセスを通して自分にとっての現実を創り上げるプロセスであるともいえます。私たちは、五感という自分のフィルターを通して自分のまわりの世界を知覚し、自分なりに意味づけして納得し、コミュニケーション行動をすることで「自分の現実」を生きています。つまり、私たちは、知覚のプロセスを通して自分自身の「現実」を知ることになるのです。私たちは、自分の頭の中で創り上げた「自分だけの現実」の世界の中でひとり、泣いたり、笑ったり、幸せや寂しさ、悲しさ、つらさなどを感じて生きているのです。これは個人の意味世界なので、その人だけが体験できる、その人だけの現実なのです。

　このようにみんなが異なる現実を生きているのですから、考え方が異なる人とのコミュニケーションでは誤解が生じて、そのたびにいやな思いをしたり、傷ついたりするのも当然なのです。

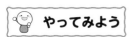

　あなたは飲食店でアルバイトをしています。店内はあまり広くなく、入口付近のテーブルと椅子の配置がよくないので、お客さんが通るのに空間が狭くて不便でした。お客さんと店で働く自分たちの動きやすさを考えたあなたは、入口付近のテーブルと椅子の配置を少し変えてみました。

　それだけで、入口付近の空間がだいぶ改善されたので、店長が喜んでくれるだろうと思って、さっそく報告に行きました。ところが、「なんで余計なことを

するんだ。君は自分の仕事以外はしなくていいんだから、テーブルをもとに戻しなさい。みんなその配置に慣れているんだから。アルバイトが勝手なことをしないでくれ」と大声でしかられてしまい、涙が出てきました。

[質問]

1．もし、自分がよかれと思ってしたことで、このようなめにあったら、あなたはどんな気持ちがして、そのあとどうしますか。

2．状況は違っていても、似たような経験をしたことがありますか。みんなで話し合ってみましょう。

●・・・●

グループでの話し合いで、どんな意見が出てきたでしょうか。

・アルバイトなのでしかたがないから、我慢して仕事を続ける

・もうお店のことは考えないで、アルバイトだからと割り切って、決められた仕事だけをやる

・店長の顔を見たくないので、アルバイトをやめる

ほかにも、いろいろな意見が出てきたと思います。

　皆さんは、アルバイト先やサークルなどいろいろな状況で、誰かに何か言われていやな思いをしたことがありますか。そんな時どのように対処してきましたか。そして、今後そのような状況になった時には、どのように対処したらいいのでしょうか。これから説明する知覚のはたらきの重要な特徴を学んで、このような場合の対処法を身につけられるようにしましょう。

5．知覚は受け身ではなく、主体的

　知覚のはたらきを知るうえで、もう一つ大切なことがあります。それは、私たち人間の知覚というのは、なすすべもなく「受け身」で物事をとらえているわけではないということです。第一部のトランズアクショナル・モデルのところで学んだように、コミュニケーションをする時私たちはみずから積極的にかかわり主体的に意味づけをしているのです。

　私たちは時々、「まわりで起きているいろいろな出来事は、見たくない、聞きたくないと思っても、勝手に飛び込んでくる」「起きてしまうのだから、しかた

ない」「いやおうなく私たちの身に降りかかってくるものだ」と、まるで、自分自身を、世の中で起きているさまざまなことを避けられない「受け身」の存在だと思いがちです。しかし、それは違います。これは、知覚のプロセスを理解するうえでいちばん大切なことなのですが、私たちは決して受け身ではなく、主体的にそして積極的に物事を知覚し意味づけすることができるということです。

　先ほどの やってみよう の話し合いでは、いろいろな意見が出たと思います。アルバイトを続けるにしても、やめるにしても、もしくやしく思いながらも心が折れている状態だとしたら、自分はされるがままで自分自身を「受け身」でしかとらえていないことになります。そしてその後も、また店長の言葉で傷ついたり、「自分は何をやってもだめなんだ」などと思ったりして、アルバイトも勉強もなにもかもいやになってしまうかもしれません。

６．知覚を信じて自分を守る

　世の中は、知覚のしかたも考え方も自分とは全く異なる人間どうしの集まりです。もともと考えが異なる人どうしなのですから、時には想像もつかない考え方をする人にでくわすこともあります。ですから、そんな人に何か言われたからといって、自分自身を傷つけ、自信をなくしてしまうことはありません。

　「言葉は自分そのもの」といいますが、アルバイト先の店長とあなたは考えが異なる人種なのですから、世の中には自分と全く異なる考え方をする人がいるものだと思いましょう。ただその時に、自分は何もできず「受け身」で我慢するしかない人間だと思って傷つく必要は全くありません。なぜかというと、あなたは、アルバイトであっても一生懸命お客さんのことを考えてテーブルの配置変えをしたのです。そして、そんなあなたのお客さんへの心配りを理解できず、「アルバイトが勝手なことをするな。言われたことだけやればいい」と言った店長は、「アルバイトが何かすることは、店長の私を無視した勝手な行動だ」と意味づけし、「私はそのような考え方と価値観で生きている人間です」とみずからを語っているだけなのです。ですから、価値観や考えの異なる人の心ない言葉にいちいち傷つく必要はありません。傷ついて落ち込むのではなく、「店長と私はずいぶん考え方も価値観も違うのですね。私は店長のような、お客さんや一緒に働いているアルバイトに対する心配りに欠けている人は、店長にふさわしくないと思いますけど」と、心の中で思ってください。もちろん勇気があれば、

直接店長に言って、そのうえで「あなたのような価値観の人の下では働けませんので、アルバイトは今日でやめさせていただきます」とその場を去ることもできます。

　どんな状況にあっても、誰かに何かいやなことを言われたからといって、自分を「受け身」で何もできない人間だと思うのは、間違っています。どんな時でも、知覚のプロセスでは常に自分を大切にするように、自分を粗末にしないように意味づけをすることを心がけましょう。自分を守れるのは自分だけなのですから。

　とはいえ、人間関係で悩む人が絶えません。人間が人間である以上、人間関係の悩みは付き物なのです。そんな悩みを解決する方法がもう一つありますので、やってみましょう。

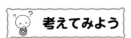

考えてみよう

　私たちの人間関係は人それぞれです。親しい友人がたくさんいる人もいれば、限られた友人を大切にしている人もいます。大家族に囲まれている人も、ひとり暮らしの人もいると思います。生きていくうえで自分にとって本当に大切な人の存在は、自分自身のコミュニケーションや日常生活に大きくかかわってきます。今のあなたにとって大切な存在である人間関係を確認してみましょう。

　ふだんの生活の中で、自分にとって大切だと思う人（よく会ったり話をしたりする人、たまにしか会えないけれど大切だと思っている人など）を1番から順番に書き出してください。名前ではなく、その人のイニシャルや自分がわかる記号などで書いてもかまいません。人数は10人より多くても少なくてもかまいません。

①　　　　　　　　　　　⑥
②　　　　　　　　　　　⑦
③　　　　　　　　　　　⑧
④　　　　　　　　　　　⑨
⑤　　　　　　　　　　　⑩

　どうでしたか。大切だと思える人間関係が思っていたより多かった人も、少なかった人もいると思います。皆さんがここに挙げた「大切な人」は、これからもずっと大切にしてくださいね。私たちは八方美人になって何十人もの人に同じような友情を築くことはできませんし、そんな時間もありません。誰でも彼でもつきあう必要はないのです。それより、大切な人を優先することが大事です。なぜ皆さんに、この「大切な人リスト」を作成してもらったかというと、先ほどのアルバイト先の店長とのトラブルのように、人間関係で傷つくようなことがあった時に、このリストを活用してほしいからなのです。

　先ほどの店長は、この「大切な人リスト」に入っているでしょうか。今人間関係で心を痛めている人は、ぜひこのリストを作成してチェックしてみてください。多くの場合、あなたにいやな思いをさせているのは、「大切な人リスト」には入っていない、たまたまその場に居合わせただけの人です。自分の「大切な人リスト」にも入っていない人のことで悩むのはやめましょう。その人とは人間関係を断つこともできるし、そういう価値観の人間なのだと思うことで悩みを取り除くこともできます。

　ただ問題なのは、この「大切な人リスト」に入っている人との関係で悩んでいる場合で、それはちょっと深刻です。しかしどんな場合でも、受け身で我慢するのではなく、自分の心に正直になって話し合うことをお勧めします。その人との間で何が問題になっているのか、自分は何で悩んでいるのか、それをその相手にどこまで明確に伝えているのかをよく見極めましょう。そして、きちんと自分の気持ちを正直に話し、コミュニケーションをする努力をしてください。

　コミュニケーションをすることでしか問題は解決しません。大切な人であればあるほど、勇気を持って相手と自分を信じてコミュニケーションをしてみることです。自分の言いたいことを言わずに我慢しているのは、自分を粗末にしていることになります。自分の大切な人を大事にするには、まず自分自身を大事にしなければなりません。人は誰もが自分の価値観で生きているのですから、異なる相手の価値観も認め、でも無理に相手の価値観に合わせたりせず、自分の価値観も大事にして自分で自分を守ることが大切です。

バーンランド先生との出会い

　私が初めてバーンランド先生にお会いしたのは、1976年秋のことですから、今から40年以上前にさかのぼります。サンフランシスコ州立大学大学院に留学したばかりで、どのような科目を履修したらよいのか迷っていた時に、「留学生ならぜひとったほうがよい」と友人から勧められ、先生が誰なのか、授業内容がどういうものなのかもわからずに、初めて受けた科目が、バーンランド先生のIntercultural Communication (異文化コミュニケーション) でした。

　その初めての授業で、私はすぐに先生の魅力あふれる話し方に引き込まれ、夢中になって先生の授業を聞いていたのを覚えています。当時の私は、バーンランド先生の話す英語がしっかりと理解できたわけではありませんでしたが、すばらしい先生に出会えたことは直感でわかりました。そして「いつの日か、バーンランド先生が話していることが、すべてわかるようになりたい」という一心で、その後もバーンランド先生の授業を毎学期履修し続けました。

　今にして思えば、あの時バーンランド先生と出会って、先生にコミュニケーション学を教わることができたのは、本当に幸運な出来事だったと思います。この時のバーンランド先生との出会いが、その後の私のキャリアと人生を大きく変える転機になりました。この時 バーンランド先生に教わっていた「コミュニケーション学」を、その後 私自身が教壇に立って学生に教えることになったのです。

　人は誰もが自分の人生を振り返って、「あの時、この人に出会わなければ、現在の自分はなかっただろう」と思えるほど、自分の人生に多大な

影響を与えた「メンター」と呼べる人がいると思います。バーンランド先生の教えを受けた多くの教え子たちがそうであるように、私にとっても、バーンランド先生はかけがえのないメンターであり、そして亡くなった今も、私にとって心から尊敬する恩師であり続けているのです。

第7章　知覚のプロセス

前章では、知覚の仕組みとはたらきについて学びました。この章では、人間の五感の限界を理解し、そのうえで、知覚のプロセスにはどんな特徴があるのかを学んでいきます。

1．人間の五感の限界

私たちは五感を通して知覚し、五感をたよりに生きています。しかし、私たちの五感はどのくらいたよりになるのでしょうか。五感のうちの一つでも欠けると、私たちはたいへん困難な生活を強いられます。五感は私たちが生きていくうえで欠かすことのできないものなのです。そして、五感の恩恵にあずかって生きている私たちは、ともすると、この五感は完璧なもので、五感を使えば何でもわかると思いがちです。私たち人間は、目で何でも見ることができ、耳で何でも聞くことができ、たよりになる味覚と嗅覚があり、すぐれた触覚も持っていると思い込んでいますが、本当にそうでしょうか。この万能とも思える人間の五感には、実は限界があるのです。

たとえば、五感である視覚、触覚、聴覚、嗅覚、味覚については、人間よりもはるかにすぐれた鋭い感覚を持つ動物がいます。私たち人間の視力では暗闇ではものがよく見えません。しかし、暗闇でもはっきりと見える視力があり、人間の耳には聞こえない音まで聞き分ける聴力を持つ動物がたくさんいます。触覚や嗅覚、味覚についても同じです。人間の五感は、ほかの動物のように発達しているわけではなく、限られた能力しか持ち合わせていないのです。

また、私たち人間の五感は、その能力に個人差があります。視力に関しても、遠くまでよく見えて眼鏡やコンタクトレンズを一度も使わずに生きてきた人もいれば、眼鏡やコンタクトレンズなしでは近くのものもよく見えない人もいます。聴覚も、若い時はよく聞こえても、年齢を重ねるにつれて、聞こえが悪くなり、補聴器が必要になる人もいます。このように、私たち人間は、限界があり不完全であっても、五感をたよりに生きていかなければなりません。そして、そんな不完全かもしれない五感で知覚したものが、ほかの人とは違う自分だけの現

実になるのです。

　それではここからは、いくつかの問題を解きながら、知覚のプロセスの特徴についてみていくことにしましょう。

2．知覚のプロセスの特徴

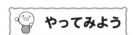 やってみよう

何が見えているのか、話し合ってみましょう。

1．図1で、女性の姿が見えますか。この女性は何歳くらいでしょうか。
2．図2には何が見えますか。
3．図3には何が見えますか。
4．図4には何が見えますか。

図1

図2

図3

図4

それでは、図1から図4がどんな図だったのかをみていきましょう。

図1　若い女性の顔とおばあさんの顔

　これは19世紀末にドイツで発表された「婦人と老婆」という有名なだまし絵なのですが、あなたは「若い女性の横顔」は見えましたか。それとも、「あごのとがったおばあさんの顔」が見えましたか。あるいは、どちらも見ることができたでしょうか。

　これが人間の知覚とどうかかわっているのかを説明します。「若い女性の顔」と「おばあさんの顔」のどちらか一方が見えた人も、あるいは両方見えた人もいると思います。ところが、両方の顔が見えた人でも、実は、「若い女性の顔」と「おばあさんの顔」を同時には見ていないのです。どういうことかというと、「若い女性の顔」が見えている時は「おばあさんの顔」は見えていないし、「おばあさんの顔」が見えている時は「若い女性の顔」は見えていないのです。

　「えっ、両方見えるけど」と言う人がいるかもしれません。もちろん、両方の顔が見えるのですが、2つの顔を見ているのは「同時に、同じ瞬間に」ではないのです。皆さんは、「若い女性」が見えている時と、「おばあさん」が見えている時とで、無意識に頭のスイッチをコンピューターよりすばやく、「若い女性」から「おばあさん」へ、また「おばあさん」から「若い女性」へと切り替えているのです。

　私たちは、自分のまわりの出来事や何かに気づくと、それに注意を払います。つまり、注意を払う何かを「選択」していることになります。何かに注意を向けているということは、それ以外のものは選択していないし、注意を向けていないということでもあるのです。若い女性の横顔が見えた人は、若い女性の横顔からまつげ、鼻、耳などを選択し、集中して若い女性を意味づけしています。おばあさんの顔が見える時は、大きな鼻から下あごまでの輪郭をたどり、さらに目や口を選択して意味づけすることで、おばあさんが見えてきます。

　つまり、人間の知覚のプロセスでは、1つのものに注意を払っている時には、ほかのものには注意を払えないので、同時に2つのものを見ることはできないということなのです。

図2　FAMILY

　この黒と白の模様の中に FAMILY という文字が見えたでしょうか。

　人間の知覚のしかたには、コントラストが強いものに注意がいくという特徴があります。背景とコントラストが強い色に焦点をあてると、コントラストの弱い部分は目立ちにくくなります。そして、先ほども説明したように、人間の知覚の特徴には、「何かに注意を向けている時は、ほかのことには注意を向けられない」ということがあります。

　この図が何を意味しているのかわからなかった人は、きっと色のはっきりした黒い部分を見てしまったのでしょう。黒に注目していて何があるのかわからなかったのなら、今度は見方を変えて、白い部分に注目してみてください。見えてきましたか。そうです、「FAMILY」の文字が見えてきたと思います。色としては黒が目立つので、どうしても黒い部分を見てしまいがちですが、背景だと思っていた白い部分に注意を払うことで、今まで見えていなかった文字が浮かび上がってきます。

　1つのものに集中するとほかのものが見えない例としては、こういうこともあります。たとえば、授業中 先生の話に一生懸命耳を傾けてノートをとっている時に、同時進行で、頭の中で今週末の予定を立てようと思っても、それはできませんよね。何かほかのことを考えたとたんに、ノートをとる手が止まってしまいます。

　また、スマホを見ながら歩いていると、前から歩いてくる人に注意を払うことができずに、ぶつかりそうになります。また、イヤホンをしながらの歩きスマホの場合は、五感のうちの視覚と聴覚の2つの感覚が外界からさえぎられるので、前から歩いてくる人や自転車をよけきれずに事故につながる可能性がさらに高くなります。

図3　弥勒菩薩の顔

　この図の中に弥勒菩薩の顔は見えましたか。

　弥勒菩薩の顔は、見えた人も見えなかった人もいると思います。同じ絵を見ているのに見える人と見えない人がいるのは、見ている人の知覚のしかたが異なるからです。弥勒菩薩の顔をよく知っている人は、黒い部分と白い部分をつなぎ合わせて、この白黒の模様から弥勒菩薩の顔をすぐに見つけることができ

ます。それに対し、弥勒菩薩をよく知らない人は、弥勒菩薩といわれてもすぐに顔を思い出せず、イメージがわかないので、この模様の中から弥勒菩薩の顔を探し出すのはむずかしい作業になるのです。

　しかし、どんなものが見えても見えなくても、知覚のプロセスを通して意味づけしたことに、正解不正解はありません。見えたということも見えなかったということも、それがその人の見方であり、その人にとっての現実であり、それがコミュニケーションというものなのです。そして、ものを知覚するプロセスによって、ほかの人とは異なる私たちの過去の経験や自分自身のフィルターの色が明らかになります。

　同じものを見ていても、まわりの人が自分とは異なる知覚をしていることに気づくことが大切です。「見ればわかる」のではありません。知覚のプロセスが異なるので、「同じものを見ても、ほかの人は自分が知覚したようには見ていないし、同じようには意味づけをしていない」のがコミュニケーションなのです。

図４　オランウータンの顔と黒い鳥

　それでは、この図には何が見えますか。実はこの図には、全く異なる２つのものが存在しているのですが、それは何と何でしょうか。よく観察してみてください。

　羽を広げて飛んでいる黒い鳥は見えたでしょうか。そして、オランウータンの顔は見えましたか。背景の白とコントラストが強いので、最初に黒い鳥が目に入った人が多いかもしれませんね。それとも、顔の輪郭から、オランウータンの顔を先に見つけたでしょうか。あるいはもしかしたら、それ以外のものが見えた人がいるかもしれませんね。どんな見方や解釈をしたか、友だちと話し合ってみましょう。

　人の知覚のしかたはさまざまです。ですから、この やってみよう でも、すぐに対象物が見えた人、少し時間がかかって見えた人、見えた人に教えてもらってようやく見えるようになった人、どんなに図の説明をしてもらってもそれでもまだ見えなかった人など、さまざまです。つまり、同じ図を見ていても、誰も全く同じように知覚し、全く同じように意味づけはしていないのです。

　この やってみよう で、人間の知覚のプロセスのいろいろな傾向が理解できた

と思います。人間は「１つのことに注意を払っていると、ほかのことには注意を払うことができない」「コントラストの強いものに注意を向けやすい」「興味があるものや見慣れたものはイメージが創りやすい」など。

　また、不思議なことに、初めは見えなかった対象物が一度見えてしまうと、今度はその対象物ばかりが見えてしまうという現象が起こります。知覚のプロセスを通して体験をする（＝コミュニケーションをする）ことで、別の新しい意味づけができるようになると、それができなかった時の自分には戻れなくなるのです。たとえば、弥勒菩薩が見えなかった人が、一度 弥勒菩薩が見えてしまうと、それが見えなかった、知覚も意味づけもしなかったもとの自分には戻れないのです。つまり、体験して新しい見方を知った自分は、成長した新しい自分になっているのです。

３．意味はどこにあるのか

　私たちは見たい対象物が見えない時、つまり意味がわからない状態の時は、もやもやして本当に気持ちが悪いものです。ですから、自分の納得する意味を見つけようと、あれこれ考えて努力するのです。先ほどの やってみよう で、初めは若い女性やおばあさん、FAMILY や弥勒菩薩が見えなかった人が、それらが見えるようになったら、とってもすっきりして気持ちがよくなったと思います。つまり、私たちは自分の中で意味づけができると、心の平安が保てるのです。ですから、私たちは自分の納得のいく心の状態でいられるように、コミュニケーションを続けているのです。

　さて、それでは、知覚のプロセスの特徴がわかったところで、意味づけのプロセスについても考えてみましょう。意味づけをする時に、若い女性やおばあさんが本当にあの白と黒の模様の中にいたのでしょうか。FAMILY の文字や、弥勒菩薩やオランウータンがいたのでしょうか。いったい意味づけのプロセスで何が起きていたのでしょうか。

　あたりまえのことですが、あの図の中には、若い女性もおばあさんも弥勒菩薩もオランウータンもいません。あの図の中にあるのは、白と黒の線や模様だけです。あなたが見えたと思った若い女性やおばあさん、FAMILY の文字や弥勒菩薩やオランウータンは、あの図の中にはいません。それでは、あなたが一生懸命に探していた FAMILY の文字や弥勒菩薩やオランウータンはどこにいる

のでしょうか。

　第一部で学んだように、あなたは、あの白黒の模様や線をきっかけにして、若い女性やおばあさんや弥勒菩薩のイメージから、自分自身の心の中に主体的に意味を創り上げたのです。これが、コミュニケーションの知覚のプロセスを通した意味づけのプロセスです。図の中に意味があるのではありません。意味づけのきっかけとなる白と黒の線や模様を、あなたが図の中から選び出してつなぎ合わせ、心の中にいろいろなイメージを創り上げたのです。つまり、意味はあなたの心の中にあるのです。これが、コミュニケーションの知覚と意味づけのプロセスなのです。

コラム

バーンランド先生の日本での貢献

1980年代初めにアメリカで異文化研修にたずさわった私は、帰国後、アメリカでの経験を活かして、日本でも企業の異文化研修にかかわるようになりました。異文化研修は、1980年代中頃まではごく一部の企業に限られていましたが、バブルの始まりとともに、海外に現地法人

を持ち外国人を採用している日本企業や、海外に送り出す日本人マネージャーを抱える外資系企業の多くが、異文化研修を取り入れるようになり、異文化トレーニングがにわかに脚光を浴び始めました。

たまたま私が異文化研修を担当していた企業でも、ぜひ海外から異文化コミュニケーションの専門家をお呼びして異文化研修をしてほしいと頼まれ、アメリカにいるバーンランド先生に日本に来てセミナーをしていただくことになりました。

当時日本では、急速に異文化トレーニングの仕事が増えているにもかかわらず、専門のトレーナーは少なく、また異文化コミュニケーションを専門に学ぶ機会もほとんどなかったので、せっかくバーンランド先生が来日するのなら、異文化コミュニケーションを学びたい人のためにセミナーを開こうと思い、先生にご相談したのです。

そして1987年に六本木の国際文化会館で、バーンランド先生による第1回の「専門家のための異文化コミュニケーション・セミナー」が開催されました。初めての試みであったにもかかわらず、当時日本の企業で異文化研修を担当しているトレーナーや、これからトレーナーを目指す人、異文化コミュニケーションに興味を持つ人など、多くの参加者が集い、セミナーは無事に終了しました。開催前には、第2回のセミナー

は考えていなかったのですが、ぜひもっとバーンランド先生を日本にお呼びして一緒に研究会を続けたいという要望が多かったため、翌年以降もセミナーが開催されることになりました。

　バーンランド先生のセミナーは、毎年 先生の大好きな桜の時期に開催されました。土日 2 日間のセミナーは、東京の国際文化会館と京都の同志社新島会館で 4 週にわたって行なわれました。毎回、セミナー室がいっぱいになる 25 ～ 30 人が参加し、バーンランド先生は知的好奇心あふれる熱気に満ちたすばらしいセミナーで毎年 100 名以上の参加者を魅了していました。

　「専門家のための異文化コミュニケーション・セミナー」は、バーンランド先生が亡くなる 1992 年までの 6 年にわたって行なわれ、延べ 600 名近くが、先生の教えを直接受けることができました。当時 バーンランド先生のセミナーに参加して一緒に学び、セミナーをサポートしてくれた人たちの多くが、その後、大学や企業など さまざまな異文化コミュニケーションの分野で活躍しています。

　日本をこよなく愛し、日本文化に造詣の深かったバーンランド先生は、毎春 日本に来るのを本当に楽しみにしていました。そして毎回、新たなトピックを紹介しながら、エネルギッシュでダイナミックなセミナーをしてくださいました。このバーンランド先生のセミナーに参加してくださった人たちとの出会いも、また新たな人間関係へと発展していき、バーンランド先生を囲んでの人間関係の輪はさらに大きくなっていきました。

　ちなみに、バーンランド先生が亡くなられたあとの「専門家のための異文化コミュニケーション・セミナー」は、先生の教え子であるミルトン・ベネット先生、ジャネット・ベネット先生、ジョン・コンドン先生はじめ、この分野の専門家たちが後を引き継いで、2011 年の春まで開催されました。そして、最後になった 2011 年 3 月の国際文化会館でのセミナーの最中に起きたのが、東日本大震災の巨大地震でした。それ以降 セミナーは休止していますが、また近い将来 新しい形で開催できたらと思っています。

第8章　知覚の要因

　ここまで、知覚の特徴についていろいろと学んできました。この章では、今までの学びをもとに、知覚のきっかけになる刺激にはどんな特徴があるのか、知覚の要因について考えていきます。

　人間が知覚する時に、そのきっかけとなる刺激には、体の内部の「内的要因」によるものと、体の外のまわりの環境の中にある「外的要因」によるものがあります。それでは、私たちはどんな刺激に対して注意をひかれるのか、どんなことがきっかけとなってどんなものに意識が向いていくのか、まず、私たちの心と体の動きと密接に関連している「内的要因」から考えてみましょう。

１．知覚の内的要因

　私たちの体の内部の「内的要因」としては、身体的なものと心理的なものがあります。１つずつみていきましょう。

身体的要因

　「身体的要因」とは、私たちが体に痛みを感じたり、空腹を感じたりするなどの生理的な要因を指します。具体例で説明します。たとえば、おなかがすいている時に繁華街を歩いていると、レストランの看板が目につきます。これは、おなかがすいていることを脳が敏感に察知して、その「おなかがすいている」という身体的な要因が、本人にレストランの看板を知覚させ、注意を向けさせているのです。のどが渇いている時もそうです。無意識に、目が飲み物の自動販売機を探していることがあります。これは意識している時と意識していない時があるのですが、どちらの場合も身体的欲求がきっかけになり、その欲求を満たすために、知覚のプロセスが積極的にはたらいているのです。「レストランの看板や自動販売機が勝手に目に飛び込んでくる」のではありません。「おなかがすいている、のどが渇いている」という身体的要因によって、受け身ではなく、あなたが主体的にレストランの看板や自動販売機を選んで、「何を食べようかな、何を飲もうかな」と心の中で積極的に意味づけをしているのです。

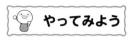

　最近、街を歩いている時や電車に乗っている時などに目についた、記憶に残っている広告について、話し合ってみましょう。どこで見た何の広告でしたか。また、どうしてその広告が目に留まったのか、考えてみましょう。

心理的要因

　「心理的要因」とは、「動機」や「過去の学習体験」との関連で関心があるなどの心理的な要因を指します。たとえば、私たちは、電車の中にある多くの広告の中から、無意識であっても、自分の心理的欲求を満たしてくれる、いちばん関心があるものを選択して意味づけをします。受験生ならば大学の情報を知りたいという強い動機で、電車内の多くの広告の中からすぐに大学の広告を選択して、意味づけを始める知覚の対象物とします。

　しかし、既に大学生になって、受験が過去のことになった人は、受験に対する関心が薄れているので、もう大学の広告は選択の対象にはならないかもしれません。そして、自分が関心のないものは、電車内に広告があったことさえ覚えていないことも多いものです。

　また、休暇中の海外旅行を計画している人なら、1番の関心事である海外旅行の広告を選択し、知覚のプロセスを通して「どこに行こうかな」と行き先について思いをめぐらしたりするでしょう。引っ越しを考えている人は住宅情報の広告に目がいくでしょうし、美容に興味がある人は美容に関する広告に注意をひかれるでしょう。

　以上は「動機」という心理的要因でしたが、今度はもう一つの心理的要因である「過去の学習体験」について説明します。私たちは、過去の経験で学んだことや親しみがあるもの、見慣れたものを知覚しやすい傾向があります。たとえば、大勢の人が話している中で自分の名前が聞こえると、自然と名前が呼ばれたほうに注意がいきます。また、自分だけが持っていると思った小物（腕時計やアクセサリーなど）を、すれ違った人が身に着けていたら、「あっ、私のと同じだ」と一瞬で気づきます。それがほかの人なら決して気づかないようなどん

なに小さなものでも、自分と同じものだと気づくことができるのです。

　今度は、スマホの例で考えてみましょう。あなたは新しいスマホを買うことになり、いろいろな情報を調べ、色や機能を十分に検討し、いちばん気に入ったスマホを購入しました。そしてわくわくしながら、新しいスマホを持って授業に出たり、キャンパスを歩いたり、電車に乗ったりしていましたが、急に自分と同じ色で同じ機種のスマホを持っている人がたくさん目につき始めます。「こんなにたくさんの人が自分と同じスマホを持っているのか」と思うかもしれません。しかしこれは、あなたと同時に、ほかの人もそのスマホを購入したわけではありません。購入するまでは注意を払っていなかったのに、購入してからはあなたがものすごく見慣れている自分のスマホに注意がいっているだけなのです。

　それでは、次の やってみよう を通して、知覚のプロセスについて考えてみましょう。

 **やってみよう**

次の図1から図3には何が見えるのか、話し合ってみましょう。

図1

図2

図3

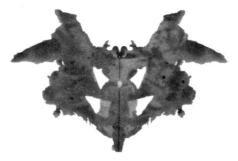

それでは、チェックしていきましょう。

図1　不完全な猫

　この図には何が見えましたか。多くの人は、猫が見えたのではないでしょうか。

　人間の知覚は、色のコントラストでは目立つ色に注目しやすい傾向があります。この図は、白い背景に 38 個の黒い大小の模様があるだけですが、私たちが最初に注意がいくのは目立つ黒い模様です。私たち人間は、不完全な形を見た時には、その不完全な形（この場合は黒い模様）がきっかけになり、自分の頭の中で完全な形として意味づけしようとする傾向があります。人間は、わけがわからなかったり、疑問を感じたりすると、自分が納得する意味を探し始めます。それをわからない状態のままにしておくと気持ちが悪いので、意味がわかるようにして、納得して、すっきりしたいのです。この図の場合は、黒い模様を結びつけて「猫」だと意味づけをします。

図2　不完全な四角

　これは白い背景に 4 本の線が描かれていますが、皆さんは「四角」だと思いましたか。これは四隅があいているので、完璧な四角ではありませんが、皆さんの頭の中にはきれいな四角が知覚され意味づけされていると思います。図1で多くの人が黒い模様をつないで「猫」と解釈したように、私たち人間は、知覚のプロセスで、不完全な形であっても欠落した部分を補って完全なものとして見たいという欲求があります。このように、不完全な形が完全なものとして知覚されることを「閉合（closure）」といいます。

図3　ロールシャッハ・テストの絵

　これはロールシャッハ・テストでよく使われる絵ですが、とてもわかりにくい絵ですよね。皆さんには何が見えたでしょうか。見る人によってさまざまな見方が出てくると思います。

　この絵のように、何が描かれているのかよくわからないあいまいな絵であっても、私たちは一生懸命意味を求め解釈しようとします。そして、絵があいまいであればあるほど、必死に意味を探そうとします。私たちはものを知覚する際に、その時の状況やその背景と関連づけてとらえようとし、過去の自分の体験を思い出しながらこれは何に見えるのか解釈しようとします。

　ですから、絵があいまいなほど、そこに自分色のフィルターの解釈が広がっていきます。すると、その絵の一部が過去のなにかの体験を思い出すきっかけ

になり、それを見る人の体験や心がその絵の中に現われるといわれています。与えられた模様があいまいであればあるほど、その中に自分なりの意味を見いだそうとするので、そこに無意識のうちに自分の隠れた欲求や心の状態が投影されるのです。このような方法で行なわれる心理テストを投影法というのですが、ロールシャッハ・テストは投影法の一つです。

2．知覚の外的要因

　ここまでみてきた２つの「内的要因」のほかに、「外的要因」も知覚のプロセスに影響を与えます。「外的要因」とは、まわりの環境からくる、知覚に影響を及ぼすものを指します。外的要因の特徴としては、その環境の中でほかより際立っていると、私たちの注意をひきやすい傾向があります。それだけ五感にとって大きな刺激となるからです。それでは、まわりの環境の中でどんなものが目立っているのか、みていきましょう。

強調されているもの

　たとえば、静かな教室に響く大きな声、救急車や消防車のサイレン、夜の街のネオンやイルミネーションなど、強調されているものは、人々の関心をひきやすくなります。テレビ番組より音量を大きくしたテレビコマーシャルや、パッケージを明るく目立つ色にした商品などは、人々の注意をひきやすくするために強調された例といえます。

コントラストがはっきりしているもの

　黒と白、黒と赤など、色のコントラストが強いと注意をひきやすくなります。道路の標識で、黄色のバックに黒字が使われることが多いのも、人々の注意をひきやすいからです。また、黒いスーツを着た人たちの中に、白いドレスの人や赤いドレスの人がいると目をひきます。

サイズが大きいもの

　小さいものより大きいもののほうが注意をひきやすい傾向があります。贈り物は大きな箱に入れたほうが高価に見え、お料理も小皿より大皿のほうが見ばえがします。看板は大きいほうが人目をひきやすいですし、レストランで大盛だとサービスがいいと思われますよね。また、小さな家より大きな家に住みたいなど、私たちは「大きいことはいいことだ」と思う傾向があるのです。

繰返しがあるもの

　１回だけでなく、繰り返し刺激されることで、記憶に残りやすくなります。ですから、長い１文で一度紹介するよりも、短いフレーズを何回も繰り返すほうが、人々の記憶に残り、商品名を覚えてもらいやすいので、テレビコマーシャルでは特にこの繰返し効果をねらったものが多く見られます。

動きのあるもの

　動きのあるものは注意をひきやすくなります。たとえば、パトカーのサイレン、救急車の点滅する赤色警光灯とサイレン、動くネオン、赤青白の縞模様がくるくる回る床屋さんのサインポールなど、動きのあるもののほうが知覚されやすいのです。

見慣れたものと目新しいもの

　見慣れたものと目新しいものは、コントラストの特徴に通じるものがあります。見慣れた環境の中にある目新しいものや、目新しいものの中にある見慣れたものは、私たちの注意をひきやすいです。ずっと同じ髪型だった友人が急に髪を切って違う髪型にしたらすぐ気がつきますし、街や乗り物の中で奇抜な服装や髪型の人は目につきやすいものです。いつもの商店街にできた新しいお店や、外国旅行中 知らない外国語の中にある日本語はすぐ目につきます。

　この章では知覚の要因について学んできましたが、そのような要因によって知覚したことが、現実を正確にとらえているかを確認することが大切です。そのために私たちができることは、次の４点を心に留めてコミュニケーションをすることです。

- ・誰もが自分色のフィルターを通して世の中を見ているということを忘れないようにすること。
- ・自分のものの見方である自分色のフィルターには、必ず自分の偏見が入っていることを自覚すること。
- ・自分の意味づけに偏見があることに気づいた時は、勇気を持って自分の偏見を修正すること。
- ・自分が知覚し描いている現実は、自分の頭の中で創り上げた自分だけの世界であることを理解すること。

盲目の男たちと象

　これは、アメリカの詩人 ジョン・ゴドフリー・サックス（John Godfrey Saxe;1816-87）が 1872 年に発表したインドの寓話 The Blind Men and the Elephant です。

　象とはどんなものなのかを 6 人の盲目のインド人がそれぞれ観察してくることにしました。最初に観察に行った男は、象の広くてがっちりした脇腹にぶつかり、「なんということだ。象は壁みたいだ」と叫びました。2 人目は牙にさわって こう叫びました。「丸みがあってなめらかでとがっているのは何だ？ そうだ、象とは槍のようなものだ」と。3 人目は象に近づき、くねくねした象の鼻に触れたとたん、こう言いました。「象はヘビのようなものだ」と。4 人目は、象がどんなものか知りたくてたまらず、手を伸ばすと、象のひざのあたりに触れました。「この不思議な生き物は、とても平坦。象とは木のようなものにちがいない」と言いました。5 人目が触れたのは たまたま象の耳で、こう言いました。「象とは扇のようなものなんだ」と。6 人目は、手探りで象の揺れ動くしっぽをつかむと、「象は縄のようなものだ」と言いました。そしてこの 6 人の盲目のインド人たちは、長いこと大声で口論を続け、それぞれが持論を曲げませんでした。彼らは、それぞれ部分としては正しかったのですが、全員が間違っていたことになります。

　あなたがあなた自身のフィルターを通して世界を知覚しているように、ほかの人もその人なりに世界を知覚しています。この寓話では、6 人の盲目のインド人たちは、それぞれが象の体の異なる部分を知覚し、知覚したものの中から何かを選び出し、自分の体験を通して自分なりの意味づけをしました。ですから、6 人それぞれが部分としては正しかったのですが、全体像としての象という一致した認識には至らなかったのです。

　第二部で述べてきたように、私たちは知覚を通して現実を知るのですが、知覚というのは、現実についての「個人的な見解」であって、その見解から導き出された 現実に対する「予測」でしかありません。それで

も、自分で知覚して納得したことが、その人にとってのすべてであり、その人にとっての現実なのです。象に触れて、象は「壁」のようだと思ったことも、「槍」のようだと思ったことも、「ヘビ」のようだと思ったことも、みんなそれぞれにとっての現実だったのです。

第9章　知覚とコンテクスト

1．コンテクストとは何か

　コンテクストとは、コミュニケーションが起きている場所や、出来事を取り囲むすべての情報を指します。「文脈」「意味背景」ということもあります。ひとりひとり異なる現実を生きている私たちがコミュニケーションを円滑に行なうには、知覚のプロセスのコンテクストに注意を払う必要があります。知覚とコンテクストは密接に関連しているからです。コンテクストなくして、知覚は成り立たないのです。それでは、コンテクストとは何なのか、下の例で考えてみましょう。

$$A \quad 13 \quad C$$

$$12 \quad 13 \quad 14$$

　上段 ABC のまん中の「B」と下段 12 13 14 のまん中の「13」は、全く同じ形です。しかし、アルファベット配列の中では「B」、数字配列の中では「13」であることがわかります。アルファベットと数字の配列を理解している人ならば、「A」と「C」の間の記号を「13」という人はいないでしょうし、「12」と「14」の間の記号を「B」という人もいないと思います。そのことを、知覚のプロセスで説明します。

　私たちは、「選択」→「分類」→「構成」→「解釈」という一連のプロセスを一瞬のうちに行なっています。「ABC」のまん中にある記号を「選択」し、これはアルファベットの文字であると「分類」し、「A」と「C」の間にあるものを頭の中で「構成」し、これは「B」だと「解釈」します。「12 13 14」の場合も、まん中の記号を「選択」し、これは数字であると「分類」し、「12」と「14」

81

の間の数字は何かを「構成」し、これは「13」だと解釈します。

　このように、知覚のプロセスにはコンテクストが大きく影響しています。私たちは瞬時に、それがアルファベットなのか、あるいは数字なのか、その記号が置かれているコンテクストを読み取り、意味づけをしているのです。この「B」と「13」の例でわかるように、私たちが意味づけをするにはコンテクストが必要です。同じ記号でも、コンテクストが異なれば、知覚に与える影響も異なり、意味づけも全く違ったものになるからです。

2. 知覚のネット

　第7章の やってみよう のFAMILYの文字を思い出してください。あの図は、黒に焦点をあてると白が見えなくなり、白に注目すると文字が見えてくるという構造になっていました。人間は1つのものに注意を払うとほかのものには注意が払えなくなるという実験でした。

　皆さんは、こんな体験をしたことはありませんか。たとえば やってみよう のFAMILYのような「白い部分」の説明を友人にしていて、たまたま会話の最後に余談としてほんの数秒「黒い部分」の話をしたとします。「黒い部分」の話は思い出せないほど、自分にとってはささいな話題だったとします。

　ところが、あとで、友人からこんなことを言われました。

　友人:「この前「黒い部分」の話してたよね」

　私:「えー、私そんな話した？ 覚えていないんだけど…(本当に覚えていない)」

　友人:「いいえ、絶対にしてたわよ。だって私、あの時あの話を聞いて、本当にショックで、しばらく落ち込んでいたんだから」

　このように、自分にとってはたわいない話であっても、それが相手にとってはとても気になる話題だったり、傷ついてしまう言葉だったりすることがあります。同じ言葉であっても双方の知覚と意味づけが違うと、コミュニケーションの誤解をひき起こす要因になるのです。

　物事を知覚する時に意味づけのきっかけになるものは、人によって全く異なります。ですから、自分にとってはなんともない一言が、相手にとっては非常に深い意味のある言葉になったりすることもあるのです。冗談のつもりで言ったのに、いやみを言われたと誤解されたり、ほめたつもりが、「けなしたでしょ

う」と思われたり、人間どうしのコミュニケーションでは、同じ言葉であっても、その言葉から引き出される意味が、話し手と聞き手で同じである保証はありません。

　なぜこのようなことが起きるのか、考えてみましょう。個人の知覚体験が異なることを、ここでは、こんな例で考えてみましょう。私たちは、誰もが頭の中に知覚のネットを持っているとします。そのネットは、やりたいことのネット、心配事のネットというように、1項目で1枚になっています。項目は、その時々の身体的要因や心理的要因などすべてなので、ひとりの人間の頭の中には何百、何千というネットが重なって多重構造になっているのです。項目は人によって異なるので、誰もが自分色のネットを持っていることになります。そして、それぞれの網目は、関心の度合いによって大きさが違っていて、自分の一番の関心事であるネットは網目が非常に細かくなっていて、どんな小さな情報ものがすことなくキャッチします。それに対し、あまり関心のないもののネットは、網目が大きく隙間だらけになっているので、たくさんの情報がこぼれ落ちます。

　先ほどの「黒い部分」の話に戻りますが、あなたにとっては覚えてもいない

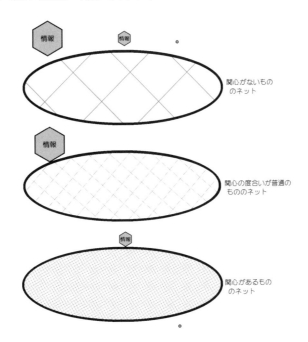

ほどの話題が、友人にとっては、あなたとの会話の中でいちばん記憶に残る話題でした。あなたの知覚のネットの網は通り抜ける話題が、その時の友人にとってはとても細かい網目の知覚のネット上で残り、しかも触れてほしくない話題だったのです。つまり、あなたが話した一言が、それまでの会話すべてを打ち消してしまうほど大きな意味を持っていたのです。

　私たちはみな異なる体験をして生きているので、誰ひとりとして同じ網目の同じネットを持っていません。同じ事柄に対して拾い上げる知覚のネットの網目、つまりフィルターがひとりひとり異なっているのです。ですから、同じ授業を受けているのに、「おもしろい」と言う人がいたり、「おもしろくない」と言う人がいたりします。「あの授業はおすすめだよ」と言われてとってみたら、自分には合わなかったという経験をした人もいると思います。これは「その人にとっての授業の話」、つまり「その人にとってのフィルター（色眼鏡）」の話であって、その人のフィルターがあなたと同じである保証はありません。ほかの人のフィルターは、むしろ異なっているほうが自然です。ですから、ほかの人の話は、必ず、自分のフィルターに合うのかどうか、確認する必要があります。

　きっと皆さんも、自分と異なる価値観の人から何かを言われて落ち込み、傷ついたことがあると思いますが、そんな時は、その人は自分色のフィルターについて話をしているのだと思えば、必要以上に落ち込むことがなくなり、傷つかずにすみます。

　また、自分では一生懸命やっているつもりだったのに、まわりの誰かから次のような思ってもみなかったことを言われて、傷ついた経験はありませんか。

　「くだらない。そんなことは、やめたほうがいい」

　「そんなこともわからないの？」

　「そんなことは、女（男）がすることじゃないだろ」

　「大人なんだから、それくらい言われなくてもわかるでしょう？」などなど。

　たとえば、あなたは美術を専攻していて、将来アパレルで働きたいと思っているとします。お店でも個性を活かしたファッションに身を包み、髪の色も服装に合わせて染めて、自分なりの個性を大切に生きています。大学や職場のみんなからは、服装も髪の色もほめられて、うれしく思っています。ところが、上京してきた地元の友人に会った時に、「どうしたの？　そのピンクの髪。派手

すぎない？　遊んでいる人みたいに見えるから、もっと落ちついた色に染めなおしたほうがいいんじゃない？」と言われてしまいました。

　これは1つの例ですが、自分が好きでやっていることをよく思わない人が、世の中には確かにいます。みんなそれぞれ異なるフィルターで世の中を知覚し、生きているのですから、当然のことです。

　そして、この例のように、人から何か言われても落ち込む必要は全くありません。なぜなら、この地元の友人は、「ピンク色に染めたあなたの髪を見ると、私はその色がきっかけになって、このように髪の毛を派手な色に染める人は遊んでいる軽い人だという意味づけをする、そのような見方で生きている人間です」といっているだけだからです。私たちが何かについて話している時は、話している話題についての自分自身、つまり自分の知覚のネットや自分色のフィルター、すなわち自分自身の価値観について語っているのです。ですから、その友人は、あなたとは異なるフィルターで世の中を知覚して、あなたとは全く異なる現実を生きている人なのであって、どちらがよくてどちらが悪いということではありません。ただ、価値観が違っているということです。「あなたにはそう見えても、私はこの髪の色が自分らしくてとても気に入っているので、同じ考えでないのは残念だけど、「あなたはあなた、私は私」でいいわ」と割り切ることです。

　私たちは、知覚のしかたや、そこから引き出される考え方が、必ず自分色に染まっていて自分自身の偏見がまじっていること、そして、ほかの人は自分と同じ現実を見ているのではないということに気づくことが大切です。友人の意見も、友人のフィルターを通して見た友人の世界観の話であって、それがあなたとは異なっていただけなのです。

　また、現実は個人のフィルター（色眼鏡）を通してしか知覚することができないので、ほかの人と同じものの見方を共有するのはむずかしいことです。しかし、現実の世界に対する個人的な見解や予想が完全に同じではなくても、コミュニケーションをすることで、多くの人とある程度は理解し合うことができます。それには、異なる現実を生きるほかの人たちとも似たような知覚をして、似たような現実を分かち合えるよう、コミュニケーションを通してお互いに努力することが必要です。

3. 自分のフィルターをチェックする

　自分の知覚したことが、正確に現実をとらえているかを確認するには、私たちはどうしたらいいのでしょうか。方法をいくつか紹介します。まず、ほかの人たちの見解を聞いて、自分の見解と違いがあるかをチェックしてみることです。そして、違いがある場合は、どのように違うのか理解する努力をしましょう。また、自分の知覚したものが本当に確かなものかどうか、五感を駆使してよく観察するという方法もあります。

　同じ出来事がたった一度ではなく、何回も繰り返し起きているかを調べてみましょう。何回も観察できるのであれば、確実性は高くなります。また、自分自身の過去の体験と比べてみるのも1つの方法です。過去の体験から得たものと比較して、同じかどうかチェックするのです。また、自分で予想したあとに実際に行なってみて、予想どおりであるかチェックしてみるという方法もよいでしょう。このようにして自分の知覚の確認を行なうことを、コミュニケーションでは「フィードバック」といいますが、フィードバックはコミュニケーションをするうえで、知覚や意味づけと同じように大切なプロセスです。

　具体的な例で考えてみましょう。たとえば、「その広場のまん中に大きな木がある」ということを確認するには、どうしたらよいでしょう。まず、ほかの人に聞いてみます。ほかの人が「そこに大きな木があるのを知っている」と答えてくれれば、確信が持てますよね。また、自分で、その木のそばに行ってみるという方法もあります。その木を見るだけではなく、匂いをかいで、さわってみます。2つ以上の五感を使ってみるのです。そして、今日の午前中に行ったら、夕方にまた行ってみます。明日も、明後日も確認してみます。繰り返し観察することで、そこに本当に木があることが確信できます。このように、自分の知覚がほかの人と同じように共有できているのかをいろいろな方法で確認することは、とても大切なのです。

それは恋ですか？

　あなたは初恋を覚えていますか。いつ、どんな相手に恋心を抱いたでしょうか。そして今、思いを寄せる人はいますか。その人はどんな人ですか。あなたの理想の人でしょうか。いったい 人が人に恋をするとは、どういうことなのでしょうか。

　いろいろな状況でいろいろな人に出会い、誰かを好きになるのは、自然なことです。そして、まだ話をしたことがなくても、毎日その人のことを思って ますます好きになったりするものです。でも、その時 あなたが恋しているのは、実は、その人本人ではなく、あなたが頭の中で創り上げたイメージのその人なのです。あなたが自分で創り上げたすてきなハート型をした あなたのイメージのその人に恋しているのです。イメージで創り上げたその人は現実ではないので、何から何まで あなたの理想どおりのすばらしい人です。非の打ちどころがありません。

　そして、イメージのその人に恋をしているだけで終わってしまう恋もありますが、その人と話す機会ができて とても親しくなれる場合もあります。そんな時はきっと夢のような時間が流れていくことでしょう。しかし、一緒にいる時間が長くなると、あんなに完璧に見えたハート型が、凹凸や傷ができて 初めのイメージからずいぶん変わった形になってしまうことがあります。それは、実際のコミュニケーションをすることで、自分が創り上げたイメージのその人ではなく、現実のその人が見えてくるからです。

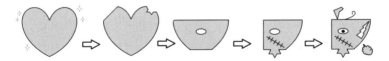

　以前、私の大学のオフィスに１人の女子学生が恋愛相談で訪ねてきた時のことです。

学生：「先生、もう あの人とは別れました」

私：「えっ、どうして？　つきあい出した時、あんなに喜んでいたし、仲よかったじゃない?」

学生：「あの人は本当にひどい人でした。私、あの人のこと、見そこないました。あんな人だと思わなかった」

そこで、私はその女子学生に言いました。「あなたは自分が創り上げたイメージのその人が好きだっただけのことで、現実のその人が見えて嫌いになってしまったのなら、最初からその人を見る目がなかった自分の責任なのだから、相手のせいにしないこと」と。この彼女のように、自分が創り上げたイメージと現実の相手があまりにもかけ離れていたことがわかって、気持ちが失せてしまうことはよくあります。

　また、恋人どうしになってみたら、「君の性格のこういうところは、こういうふうにできないかな？　直してほしいんだけど」とか、「あなたには、今のままじゃなくて、こういう人になってほしいの」などと言われて、その人のために一生懸命努力しているのに、「また、そういうことをするの？　直してほしいって言ったじゃない」と言われて、心が傷ついたりすることもあるでしょう。このような要求をする相手は、現実のあなたを受け入れられず、自分の頭の中に創り上げた、その人にとってのあなたのイメージに恋しているだけなのです。そして、あなたを自分が創り上げたイメージのその人にしたいと思っているのです。そんな相手の頭の中の勝手なイメージには、どんなにがんばっても、なれるはずはありませんよね。

　ですから、今もし このような状態で悩んでいる人がいたら、「私は、あなたが心の中にイメージしている理想の人にはなれないし、なりたいとも思いません。私に、あなたの勝手なイメージを押しつけないでください。だから どうぞ、あなたは、あなたが理想とする相手を探してください。私は、今のありのままの私を好きになってくれる人を探します。さようなら」と言う勇気を持ちましょう。

　ちなみに、今 つきあっている相手が、以前はとてもやさしかったのに、最近は冷たくてつらいと感じている人は、現実の相手を受け入れよ

うとしないで、自分が過去に創り上げた相手のイメージにすがりついて
いる可能性があります。

　人間は誰でも理想の相手像があり、イメージのその人に恋する時期も
ありますが、そこから始まり、お互いに見えた現実をしっかりと受け止
め、お互いのイメージを修正しながら、コミュニケーションを通して、
よりよい人間関係を築いていくものです。また、相手に言われたように、
相手色に染まろうと努力しても、それはできることではありません。で
すから、いつでも、「100％の自分」を大切にした幸せな人間関係を築
いていくようにしましょう。

　それから、「私はあの人のためにこんなに努力しているのに」と思うの
は、相手のことが好きではないサインかもしれません。本当に好きな人
に対しては、「なぜ私が、無理してこんな努力をしなければならないの
か」とは思わないものです。好きな人のためには何をしても喜びであり、
相手がいてくれること、そして一緒に時間を過ごせることが幸せ以外の
何物でもないからです。

　あなたがしているのは本当に恋なのか、見極められるようになりましょ
う。

第三部

言葉と現実とコミュニケーション

第10章　私たちが住む2つの世界

1．2つの世界

　私たちは実は2つの世界に住んでいるのですが、あなたはそのように考えたことがありますか。おそらくほとんどの人は考えたことがなかったと思います。それでは、この2つの世界とは何か、みていきましょう。

(1) 体験の世界とシンボルの世界

　一つは、実際に自分が五感で感じることのできる「体験の世界」、つまり、私たちが現実だと思っている世界のことです。私たちは身のまわりのさまざまな出来事を、自分の五感で感じ観察しながら情報を取り入れています。もう一つは、その体験を表わすために使う「シンボルの世界」です。シンボルとは、私たちが直接体験から得た情報を「指し示すことができる何かほかのもの」で、私たちが日常生活で多く使っているシンボルは言葉です。

　言葉以外のシンボルには、たとえば、「結婚している」ことを示す左手薬指の指輪や、所属する学校や会社を示す制服、国を表わす国旗などがあります。また、平和の象徴とされるハトもシンボルとして使われている例です。

　それでは、「体験の世界」と「シンボルの世界」の関係を考えるために、次の やってみよう をやってみましょう。

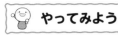

やってみよう

　高校時代の友人があなたの大学の学園祭に来たいというので、地図を送ってあげることにしました。友人とは、大学の図書館の入口で待合わせをすることにしました。そこで、大学の最寄り駅から大学の図書館の入口までの地図を描いてください。（学バスがある場合は、学バスを使うルートで描いてください。）地図を描く紙や筆記具は何でもかまいません。

[質問]

　地図を描き終えたら、5、6 人のグループに分かれて、地図を見せ合ってください。友人の地図と自分の地図を見比べて、どんなことに気づきましたか。何か違いはありましたか。

● ・ ●

　皆さんは、どんな地図を描いたでしょうか。通い慣れているキャンパスでも、地図を描くために正確に思い出すのは案外むずかしかったかもしれませんね。1 週間に何回も図書館を利用している人は、きっとすぐに描けたでしょうが、あまり図書館を利用しない人は、描くのが大変だったかもしれません。さて、この やってみよう の目的は何だったのでしょうか。以下に解説していきます。

　図書館までの地図を描いてもらったのは、目的地である図書館までの皆さんの直接体験の世界を、シンボルである地図に変換する作業をしてもらうためでした。図書館までの皆さんの体験を、ほかの人にテレパシーのようなもので直接体験として伝えられるとよいのですが、それはできません。五感を通して感じることのできる直接体験の世界は、その人自身の体験の世界であって、ほかの誰のものでもありません。ですから、「うれしい」「悲しい」「苦しい」「痛い」などの体験も、ほかの誰かが同じように体験することも、また自分と同じ体験としてほかの人に伝えることもできません。つまり、体験を体験のまま伝えることは不可能なのです。

　ですから、皆さんが見たり聞いたり感じたりした体験をほかの人に伝えるには、その体験をシンボルに変えて伝えるしかありません。先ほどの やってみよう は、言葉というシンボルの代わりに地図というシンボルを使って友人に図書館の位置情報を知らせる問題だったのです。

(2) 誰も同じ地図を描けない理由

　皆さんの地図はどんな地図になりましたか。最寄り駅を上に描いた人もいれば、下に描いた人、左や右に描いた人もいると思います。建物を立体的に描いた人もいるかもしれませんね。いずれにせよ、皆さんの地図は個性あふれるユニークなものになっていると思います。そして不思議なことに、誰ひとりとして全く同じ地図を描いた人はいないはずです。100 人が地図を描くと 100 通りの地図ができ上がるのです。

　地図に描かれている目印も人それぞれです。最寄り駅から大学までの道のりで目印になるものを丁寧に描いた人もいるでしょうし、かなり省略して描いた人もいるでしょう。自分が選んでいるのに友人は選んでいなかったり、また友人が選んでいるのに自分は選んでいなかった目印もあるでしょう。友人の地図にある目印を見て、「それもあったなぁ」と思い出したり、全く思い出せなかったり。

　また、地図をどこから描き始めるかも人によって違います。駅から描き始める人、大学内の図書館から描き始める人、学バスのバス停から描き始める人、そして描く場所も上から、下から、横から、まん中からとさまざまです。また、選んだ目印が同じであっても、大きさや形など描き方がみんな異なります。このように、同じキャンパスで授業を受けて同じ時間を過ごしているのに、同じ地図が描けないのはなぜでしょうか。それは、同じキャンパスを歩いていても、それぞれが全く異なる体験をしているからです。

　同じ大学で学んでいても、専攻もとっている授業も異なり、また授業を受けに来る曜日や時間帯、昼食を誰とどこでとるかなども異なります。いろんなクラブ活動をしている人もいれば、どこのサークルにも所属していない人もいます。つまり、同じキャンパスで時間を過ごしていても、ひとりひとりがみんな異なるフィルターで世の中を見て、それぞれ違うキャンパス・ライフを生きているのです。

　先ほど地図の目印として選ぶものが人によって違うと述べましたが、それはどうしてなのでしょう。目的地までどこを通ってどのように行くのかも人によって違いますが、多くの人はその中で自分が見慣れた建物や場所を目印として選んだり、その時目についた関心のあるものを思い出して目印にしたりしています。地図を描いている時に「おなかがすいた」と感じていた人は、無意識のうちに「身体的要因」の影響で、大学のカフェや近くのファーストフード店、お弁当屋さんなどを選んで描いているかもしれません。

　また、締切りが迫ったレポートを抱えている人は、その「心理的要因」により、レポート作成のできるパソコン室や情報センターなどを描いているかもしれません。クラブ活動に精を出している人なら、クラブの部室を目印にしているかもしれませんね。このように、同じキャンパスを歩いていても、それぞれの人が異なる現実を生きているので関心事も異なり、地図で目印に選ぶものが違っ

てくるのです。

　つまり、自分が意識しているものと意識していないもの、意味づけの対象になっているものとなっていないものは、このようにその人の興味や関心事によって異なるのです。意識して知覚していなければ、どんなものであっても意味づけの対象にはなりません。関心のないものは、たとえ毎日目にしていても気づかないので、思い浮かばないのです。ですから、通っているキャンパスであっても、意識して見ているものでなければ、その存在に気づかず、目印として意味づけの対象にはなりません。

　それではもう一度、自分の描いた地図をよく見てください。あなたの描いた地図は、あなたが図書館に行くまでの体験を忠実に再現できていますか。あなたの体験のすべてをシンボルである地図に描けていますか。友人が描いた地図と見比べることで、自分が描き忘れていた箇所や足りない情報があることに気づいたのではないでしょうか。

(3)　体験したことすべてをシンボルで表わすことはできない

　私たち人間は、体験したすべての情報をシンボルである地図に描くことはできません。私たちのまわりにあふれているおびただしい数の情報すべてを知覚し意味づけすることは不可能なので、知覚のプロセスを通して取捨選択し、深く記憶に残っているものや自分の関心のあるものだけを意味づけの対象としているのです。ですから、シンボルを使って体験の世界のすべてを表わすことはできないのです。加藤秀俊は『自己表現』の中で次のように書いています。アメリカの哲学者スーザン・ランガー（Susanne Langer; 1895-1985）は、「体験の世界が果てしなく広い大海だとすると、シンボルの世界はその大海に浮かぶ小さな孤島にすぎない」と述べている、と。つまり、私たち人間の体験の世界は、果てしなく広がる深い海のようなものであり、それに対し、シンボル化できる部分（＝言語化できる部分）というのは、大きな広い体験の海からみると本当に小さい孤島のようであるというのです。言葉で表わそうと思っても表わせないほど、私たちの体験は深く果てしないもので、また、体験すべてを表わせる言葉もなく、言葉には限界があるというのです。

　たとえば、コンサートや美術館で深い感銘を受けた時、その時の感動をすべて言葉で言い表わすことはできません。その瞬間の気持ちを表わす適切な言葉

があるとよいのですが、言葉では表現できないことも多く、もし仮に言葉で表現したとしても、その時点で既にその時の感動とは異なったものになってしまうのです。ですから、体験のすべてを言葉で的確に伝えるのはむずかしいのです。

「言葉には限界がある」ということをこんな例で説明してみましょう。私たちの視覚はさまざまな色を判別することができます。白から黒までの間にいろいろなグラデーションの色があるにもかかわらず、その一つ一つの色の名前がありません。「グレー」「灰色」というのでは、微妙に異なる色合いまで細かく説明することができないのです。ほかの色についても同じことがいえます。

「好き」という言葉もそうです。皆さんは「好きだ」という感情を表わすために、日常生活でこの言葉をよく使うと思いますが、その時々の場面や状況で話される「好き」という言葉は、どれも同じ感情ではありません。「好き」という言葉に代わる、もっとこまやかな愛情表現ができる言葉がたくさんあるといいのですが、言葉が全然足りません。やはり、「体験」という大海を表わすための言葉は、大海の中の小さな孤島なのです。

(4) 体験とシンボルは一致しない

体験したことすべてをシンボル化することはできないので、何を残し、何を省略するかをみずから取捨選択していることは先ほど述べましたが、体験とシンボルが完全にイコールとはならない理由がほかにもあります。私たちの五感で感じる体験の世界は、川の流れのように常に動いていて、一瞬たりとも静止していないということも、体験の世界のすべてをシンボルで表わせない理由となっています。たとえば、さっきまでなんともなかったのに、急にのどが渇いたり、空腹を感じたりするかもしれません。あるいは、集中して話を聞いていたのに、気が散って、ほかのことを考え出したり、眠気が襲ってきたりするかもしれません。このように私たちの体験の流れは、常に動的なのです。

ですから、ほかの人があなたと同じ地図を描けないだけでなく、あなたもあなた自身が数日前に描いたのと同じ地図を描けません。同じ自分であっても、一度地図を描き上げてしまうと、体験し意味づけをした新しい自分になっているので、過去の自分を再現することができないのです。線も目印も全く同じようには描けません。人間は同じ体験を繰り返すことはできないのです。コミュニケーションには繰返しができないという特徴があることを学びましたよね。

前へ前へと進んでいくのがコミュニケーションなのです。

　それでは、私たちがシンボルとして使っている言葉はどうでしょうか。言葉には、体験のような動きがあるわけではありません。言葉は、何十年、何世紀という長い期間でみれば、使われ方や意味が多少変化することはあるかもしれませんが、体験のようにその時々の状況に応じてころころと変わるということはありません。ですから、言葉そのものは動きのない静的なものです。動的で流れゆく体験の世界を、静的で動きのない言葉で表わすこと自体が無理なのです。つまり、静的なシンボルで動的な体験のすべてを表わすことはできないのです。

　今回の やってみよう では、大学の図書館までの体験を地図というシンボルで表わしましたが、私たちの日常生活では言葉をシンボルとして使ってコミュニケーションをしています。つまり、この やってみよう の「地図（シンボル）と図書館までの現地体験」は、私たちの日常生活の「言葉（シンボル）と現実（体験）」の関係になっているのです。

（5）地図の目的

　この やってみよう で学生たちが描いた地図は、個性にあふれたユニークなものや芸術作品のようなものもあり、毎回本当に驚かされます。おしゃれですてきな地図が多いので、「印刷してキャンパスマップとして売り出しましょうよ」と提案すると、

　　学生：「先生、それは無理です。売れません」

　　学生：「誰も買わないと思います」

などの声が挙がります。なぜ売れないのか、誰も買わないと思うのかを尋ねると、

　　学生：「この地図はあてにならないから」

　　学生：「この地図じゃ、たどりつけないと思う」

　　学生：「この地図は、正確じゃないのでだめです」

などの答えが返ってきます。

　確かに地図は正確でなければならないので、皆さんが描いた個性あふれる芸術的な地図では、目的地にたどりつくための情報が不十分です。皆さんの描いた地図は皆さんにとっての現実ですが、たとえば Google マップのように誰にとっても公平で正確な地図ではありません。自分のフィルターを通して自分色に加工された自分自身にとっての現実の地図なのです。

　もしシンボルである地図が不正確だと、人を道に迷わせ、目的地に到達させることができなくなります。自分ではわかっている情報でも、初めてその場所を訪れる人にとっては、すべてが全く新しい情報です。ですから、情報を省略してしまうと、相手は情報が足りずに、道に迷ってしまうかもしれません。

　コミュニケーションをする時も同じです。皆さんは、日常生活でシンボルである言葉を話す時に、相手を道に迷わせないように注意をして、丁寧なコミュニケーションをしていますか。自分ではわかっていることでも、相手にとってはすべてが新しい情報です。たくさんの言葉を使って一つ一つ丁寧な説明をしなければ、相手は情報を理解することができません。広く果てしない大海である体験の世界に比べると、言語化できる部分は、私たちがどんなに一生懸命言葉で話しても、大海の小さな孤島にすぎないことを忘れてはいけません。その小さな孤島でしかない言葉を大切にせず、省略したり、沈黙したり、言葉少なに話したりしたのでは、相手に真意を理解してもらえません。

　皆さんはコミュニケーションをする時に、早く話して短めに終わらせてしまおうと思ったりしていませんか。情報量が少ないと、相手は道に迷って目的地に到着できなくなるのです。特に出会ってまもない人どうしなど、しっかりとした人間関係ができるまでは、できるだけ多くの言葉を駆使して、きめ細かなコミュニケーションをし、たくさんの情報収集をする必要があります。正確な地図を描くように、丁寧なコミュニケーションを心がけましょう。

2．言葉の役割

　筆者は子供の頃、いろいろな遊び道具を使って友だちと楽しく遊んでいる時、ずっとおしゃべりをしている大人を見て、何が楽しいのだろうと不思議に思ったことがありました。しかし言葉を覚え、会話することの楽しさを覚えると、ほかの人とのコミュニケーションがいかに楽しいのか理解できます。子供の頃のような遊び道具がなくても、言葉を駆使してコミュニケーションできることは、楽しいことでありすばらしいことです。

　それでは、まわりの人たちとの会話を楽しむ以外に、言葉にはどんな役割があるのか、言葉というものについて考えてみましょう。

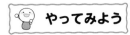 やってみよう

　紙とペンを用意してください（どんな紙でも、どんな筆記具でもかまいません）。隣の人とペアになってすわります。言葉を使わずに 10 分間、コミュニケーションしてみましょう。紙に描いていいのは絵だけです。文字は数字はいっさい使えません。そのほか、顔の表情やジェスチャーも使ってコミュニケーションしましょう。言葉をいっさい使わずに、相手についての質問をたくさんして、言葉以外の方法で答えてください。

　10 分経ったら、先生の指示に従って以下を行なってください。（先生からの指示があるまで、しゃべらないようにしてください。）

1. 相手についてわかったことを、忘れないうちに紙に書いてください。（言葉を使って書いてください。）
2. 2 人とも書き終わったら、お互いの紙を交換します。
3. 相手が書いた自分の内容についてチェックします。
4. 相手のコメントを読み終わったら、先生の指示を待って、自由に話し合いをしてください。言葉を使わない 10 分間で理解できなかった絵やジェスチャーなどがどういう意味だったのかを確認しましょう。
5. 聞きたかったのに、言葉が使えないので聞くことができなかったのは、どんなことでしたか。紙に書いてください。

　どうでしたか。非言語コミュニケーション（＝言葉を使わずに行なうコミュニケーション）で、どんな質問をどのようにして聞きましたか。何が大変でしたか。そして、言葉が使えなかった 10 分間のあと、言葉で話をしてみてどんなことを感じましたか。

言葉の機能

(1) 言葉はコミュニケーションの近道

　今回の やってみよう で、たった 10 分間でも言葉が使えないとコミュニケーションをするのがいかに不自由なのかを十分に体験できたのではないでしょうか。言葉が使えないために聞きたくても聞けなかったことや、絵でわからなかった

ことなど、言葉を使っての話し合い時は情報収集があっという間にできたと思います。身振り手振りや顔の表情、絵を描くだけの非言語コミュニケーションで話せることは限られています。何かの名前を言葉ではなく絵で表わすのも非常にむずかしいものです。言葉があれば、あっという間に言いたいことを伝えられます。言葉が使えない状態の 10 分では数えるほどしか質問できなくても、言葉があれば 1 分でもたくさんの情報をやりとりすることができます。言葉はコミュニケーションの近道なのです。

(2) 抽象概念について話すことができる

　言葉があると、今勉強している自分の専門分野についてや、とっている科目とその内容など、抽象的な概念についても話すことができます。大学で学んでいることのほとんどは抽象概念なので、言葉がなれば授業そのものも成り立ちません。新しい名称や概念も、言葉がなければ学ぶことができません。抽象概念についての言葉がなければ、インターネットや図書館での情報検索もできません。言葉は知識であり、私たちは大学で新しい知識、つまり新たな名称と抽象概念を学んでいるのです。

(3) 時制について語ることができる

　言葉があれば、現在のことだけではなく、過去のことも、未来のことも話すことができます。今食べている食べ物の話なのか、昨日食べたものの話なのか、1 週間前とか 1 か月前の話なのか、あるいは、今日のランチで食べようと思っている食べ物の話なのか、明日の夕食の話なのか、自由に話すことができます。大学の授業で、500 年前や 1000 年前の歴史を学ぶことができるのは言葉があるからです。また、今週末や夏休みに何をしたいのかや、自分の将来の夢や希望など未来について話すことができるのも言葉のおかげです。

(4) 体験したことがないことも語ることができる

　少し前にも述べましたが、言葉を使うことで、自分が体験したことをほかの人に知らせることができます。海外旅行で行った国のこと、出会った人々、食べ物など、思い出の一つ一つを言葉にして伝えることができます。もちろん、日常生活での出来事などのさまざまな情報についても伝えることができます。
　また言葉があることで、自分が体験していないことも話すことができます。(3)

で挙げた自分の未来のことや、自分が生まれるずっと前の歴史や歴史上の人物についても、体験したことがなくても語ることができるのです。

（5）体験を記憶としてとどめ、必要に応じて取り出して語ることができる

　今皆さんは大学で言葉を通して多くの知識を学んでいます。言葉は知識です。大学の授業で学んだことをノートにとり、アイディアを整理して覚え、自分の知識にします。たとえていうならば、皆さんは今、授業で学んだ知識を自分の頭の中の銀行にしっかり預金していることになります。そして、銀行の ATM からお金を引き出すように、中間試験や期末試験の時に、自分の頭の中に預金してあった知識を引き出しながら問題に対して解答するのです。

　ATM から知識を引き出すのは、大学の試験の時だけではありません。皆さんが卒業後就職してすぐに、あるいは 3 年後とか 10 年後かもしれませんが、大学時代に頭の銀行に預金した知識を引き出す時が必ず来ます。その将来のために、今皆さんは大学で学んでいるのです。あなたは将来のためにたくさんの知識を預金していますか。

（6）あらゆる情報を世代から世代へ伝えることができる

　現代を生きる私たちは、先人たちの数えきれないすばらしい知恵と知識を享受しています。私たちは、今から言葉や文字を発明する必要はありません。ひらがなやカタカナや漢字、アルファベットや数字も発明する必要はないのです。既にあるものの使い方をただ覚えればいいだけの便利な世の中を生きています。しかし、私たちがあたりまえのように使っている言葉の発明や、数字の概念、ゼロの発見などには長い年月がかかっているのです。

　また、私たちはこれから自分で携帯電話やパソコンを発明して作る必要もありません。先人が作ってくれたそれらの使い方を覚えるだけで、ありとあらゆる情報を短時間で収集して、自分の知識にできるのです。そんなすばらしい時代に皆さんは生きているのです。

　ちなみに、筆者の学生時代は携帯もインターネットもなかったので、図書館が学生にとって一番の情報収集の場所でした。図書館にはたくさんの資料がありましたが、いつでも欲しい資料がすぐに手に入るというわけではありませんでした。自分の大学の図書館で見つからない資料は、ほかの大学の図書館に探しに行ったり、取り寄せてもらったりしたものでした。また、1 冊の本を探す

のにも、図書カードを1枚1枚めくって検索して、目的の本にたどりつくまでにかなりの時間がかかったのです。

　しかし時代は変わり、欲しい本をあちこちの本屋さんを回って探すこともなく、ネット書店で検索して注文し、翌日には本が手元に届くようになりました。先人たちの英知をいつでもあっという間に情報収集できる便利な時代に皆さんは生きているのです。このすばらしい先人からの知恵と知識を皆さんはどのくらい活用しているでしょうか。

　このように、貴重な知識を効率よく情報収集できるおかげで、私たちの生活は便利に豊かになっています。また、私たちが、それぞれの社会が大切にしている社会規範や文化的価値観を世代から世代へ情報として受け継ぐことができるのも、言葉があるからなのです。つまり、私たちの社会が毎日発展を続けることができるのは、言葉のおかげなのです。

言葉と意味の関係

　ここでもう一度 言葉と意味の関係をみていきましょう。コミュニケーションでは同じ言葉を使っていても、話し手と聞き手が考えている意味が異なることによる誤解は日常茶飯事です。コミュニケーションがうまくいかない原因は、言葉の使われ方の問題であることが多いのです。学期の初めに履修科目について友人からもらった情報や、感動したからぜひ行くといいと友人に言われて見に行った映画、おいしいからと勧められて行ったエスニックレストランなど、実際に体験してみると自分には全く合わなかったという体験をしたことがあるかと思います。友人に悪意があったとは思いませんが、なぜそのようなことが起きるのでしょうか。

　それは、自分の使う言葉は「誰もが同じ意味を共有している」と思い込んでいるからです。バーンランドがトランズアクショナル・モデルで述べているように、コミュニケーションではメッセージがやりとりされるわけではありません。コミュニケーションとは、メッセージがきっかけになって、それぞれの言葉に生じる「意味」が共有されるプロセスなのですが、その意味が自分と相手で異なっていることに気づかないのです。

　言葉は相手の心の中に意味を呼び起こして創り出すためのきっかけになるものであって、言葉そのものに話し手の意図する意味が込められているわけでは

ありません。そもそも、意味というのは「言葉」と「言葉が指し示すもの」の関係を示しているにすぎません。そして、その関係性は人間が創ったものなので、恣意的なのです。たとえば、日本語で「猫」という動物は英語では「cat」と呼ばれていますが、「猫」と呼ばれても「cat」と呼ばれても、その言葉がきっかけになって心の中に同じ意味やイメージが創り上げられれば、コミュニケーションは成立したことになるのです。

　言葉の意味が人から人へと伝わるのではなく、言葉がきっかけになって、人間の心の中に意味がわき上がり、創り上げられるのです。ですから、意味は個人的なものであり、プライベートな領域のものです。人間は、体験することで自分なりの言葉の意味を増やしたり変化させたりしています。意味は私たちの心の中にあるのであって、言葉に意味がついてくるのではありません。

　「意味」はコミュニケーションの鍵概念です。「意味」こそ、「コミュニケーションとは何であるか」のすべてなのです。私たちがコミュニケーションする時は、心の中に浮かぶ気持ちや考えを「言葉」というシンボルに変換（＝符号化）して伝えようとします。そして、できれば相手の心の中にも自分と同じような意味を創り上げてもらいたいと思って、顔の表情や、声の調子、身振り手振りなどもまじえて、自分の心の中にある意味を相手に伝えようと努力するプロセスがコミュニケーションなのです。

●・・・・・・・・・・・・・・・・・・・・・・・・・・・・・・・・●

 やってみよう

1. 「ディズニーランド」という言葉を聞いて思いつく言葉を 2 つ挙げてみましょう。
2. ディズニーランドに行ったことがある人は行った時の感想などを述べ、行ったことのない人は、行ったことがある人に、ディズニーランドについての質問をしてください。

●・・・・・・・・・・・・・・・・・・・・・・・・・・・・・・・・●

　人間が言葉に対して抱く意味には、2 つのレベルがあります。一つは、私たちが共通に理解している その言葉が指し示すもので、「明示的意味（denotation）」

と呼ばれるものです。もう一つは、その言葉に寄せる個人的な感情で、「暗示的意味（connotation）」または「言外の意味」と呼ばれているものです。

皆さんが やってみよう で話した内容は、ディズニーランドについての個人的な体験による自分の感情の部分、つまり「暗示的意味」が多かったと思います。ディズニーランドが大好きで年間パスポートを持っている人もいるでしょうし、まだ一度も行ったことがないという人もいるでしょう。また、ディズニーランドが楽しい大好きな場所だと思っている人もいれば、ディズニーランドが別れた恋人との最後のデートの場所だった人には、つらい思い出の場所かもしれません。

つまり、「暗示的意味」はその体験をした本人だけのものであり、個人に特有なものなのです。ですから、人間が言葉に寄せる個人的な思いは、個人の体験とともに変化します。同じ言葉を話していても、置かれている環境や立場、その人の体験によって、全く異なる「暗示的意味」が生じるのがコミュニケーションなのです。つまり、同じ言葉を使っていても、心の中ではみんなが異なる地図を描いているのです。

事実と推論と判断

私たちは現在、インターネット、SNS、テレビ、ラジオ、新聞、看板広告、電車の中吊り広告など、あふれるほどの情報の中で生きています。情報が皆無の場所はどこにもありません。人間関係からもさまざまな情報が入ってきます。しかし、そのようなさまざまな情報を収集する時には、それが「事実（fact）」なのか、「推論（inference）」なのかを区別することが大切です。

私たちがコミュニケーションをする時の言い方には、2通りあります。隣にすわっている女の人を見て、「ルイ・ヴィトンのバッグを持っている」と言ったら、それは「事実」を述べていることになります。隣の女の人がルイ・ヴィトンのバッグを持っているのを実際に自分の目で観察できたからです。それに対し、「彼女が持っているそのルイ・ヴィトンのバッグは直営店で買ったのだろう」と思ったり言ったりするのは、「推論」になります。なぜなら、彼女が直営店で買ったところを見たわけではなく、そのバッグから私が推測したことなので、「事実」ではなく私の「推論」になるのです。

「事実」というのは、自分の実体験から得た情報で、観察可能なものを指しま

す。それに対して、「推論」というのは、実際には事実を確認していない情報で、なんらかの情報をもとに自分で推測したことです。そして、私たちは推測することなしに生きることはできません。その推測が事実に基づくものであれば確実性が高いと思われますが、第三者からのまた聞きのような情報からの推測の場合、確実性はあまり高くないかもしれません。このように、収集した情報の確実性が高いかどうかを判断するには、その情報が事実なのか、それとも推論なのかを区別する必要があります。

　また、誰かが述べているものが、「事実」でも「推論」でもない場合があります。それは、その人自身の価値観が反映されている「判断（judgment）」の表明です。たとえば、

　　「この店（の食べ物）はまずい」
　　「彼女は美しい」
　　「彼は本当に知的だ」

これらの意見は、個人の価値観によるものです。実際に目の前で起きていることを「事実」として観察している時に頭の中で起きた「推論」や「判断」を表明しているのです。

　さて最後に、言葉と意味の関係について、3 つの原則をまとめておきたいと思います。まず 1 つ目は、似たような意味を創り上げるのは、似たような体験をした人どうしでなければむずかしいということです。2 つ目は、意味は固定されたものではないということです。人々の体験が変わることで意味も常に変化していくのです。3 つ目は、私たちは自分自身の体験を通して自分のまわりの世界を見ているので、自分の世界観を述べている時は自分自身を語っていることになるということです。

別れが人間を成長させる

　若い皆さんの中には知らない人も多いと思いますが、1970年代に太田裕実さんが歌う「木綿のハンカチーフ」という曲が大ヒットしました。今でも「懐かしのメロディー」として時々紹介されています。松本隆さん作詞のこの曲の内容ですが、仲のよい若いカップルがいて、男の子は仕事で東京に行き、女の子は田舎に残ることになりました。二人は手紙でやりとりを続けます。彼は初めて見た大都会で新しい経験をし、楽しい出来事を田舎の彼女に知らせます。そして、都会で流行っている指輪や、都会のスーツを着た自分の写真を彼女に送ります。彼女は、どんな宝石よりもあなたのキスのほうがすてきだし、草にねころぶような素朴なあなたが好きだったと返します。その後も文通は続きますが、彼はついに、都会の楽しい生活に染まり 自分は変わってしまった、君の元には帰れない、と別れを告げます。その時 彼女が最後に言った言葉が、「涙拭く木綿のハンカチーフ下さい」だったのです。

　このような恋は、若い頃にはよくあることだと思います。高校時代 大好きだった二人が別々の道を行くことになり、新しい環境の中で二人は変わっていきます。1年経って、一人は相手を思い続けていても、もう一人は この「木綿のハンカチーフ」の歌のように、相手を忘れて新しい生活を始めているかもしれません。この時まだ相手に好意を抱き続けているほうは、「なぜ相手の心が変わってしまったのだろう。お互い好きな気持ちはずっと変わらないとあんなに誓ったのに」と思うかもしれません。でも、1年で変わったのは、好きな気持ちがなくなった相手だけではありません。相手を思い続けているもう一方の人も、時の流れとともに確実に変化しています。もうあの時お互いに「好き」と言った1年前の二人ではないのです。

　「あの時の気持ちは変わっていない」と思いたいとしても、あの時、「好きだ」と意味づけする体験をした自分はもういません。その後、多くの体験をして現在を生きています。同じ気持ちを持ち続けることができる

人もいれば、気持ちが変わる人もいるのが現実です。毎日の体験を続けることで、それぞれの現実は変化していきます。これが人間の成長なのです。

　一人の人との別れは、次に 自分に合ったすばらしい人に出会うための大切なステップでもあります。多くの人と出会い、いろいろな体験をすることで、人間として成長していくのですから。

第11章 言葉と現実の不一致が起こす影響

　言葉は静的なものであるのに対し、現実世界は常に変化を続ける動的なものなので、言葉と現実が一致することはありません。つまり、「シンボルの言葉」と「体験の現実」は一致しないのです。この言葉と現実が一致しないという事実が、私たちのコミュニケーションにどんな問題を起こしているのか、みていきましょう。

1．分類機能（Classification）

　私たちは、種々雑多な刺激に囲まれて生きていますが、そのすべてを知覚し意味づけすることはできません。そのような環境の中で私たちが気持ちよく生活できるように、意味づけしたものをきちんと区別、整理してくれるのが言葉なのです。これを言葉の「分類機能」といいます。話をすることも、分類していることになります。言葉を分類することなく話すことはできないからです。つまり、言葉は次々にやってくる刺激を整理し、自分のカテゴリーに合うように分類してくれるのです。たとえば、「これは人」「これは物」「これは状況」というように分類しています。それでは、私たちがどのように分類しているのか、次の やってみよう を通して考えてみましょう。

● • ●

😊 やってみよう

　紙と鉛筆を用意してください。あなたの部屋に注文していた5段の本箱が届きました。まず、本箱を描いてください。そして、その本箱に本を好きなように並べてみましょう。どんな本をどのように並べたいですか。本を並べる時に、どんなことを優先しますか。

● • ●

　知覚の仕方が人それぞれであるように、分類の仕方も人によって違います。あなたの描いた本箱には本がどのように並んでいますか。同じ大きさの本を集

めて並べましたか。文庫本は文庫本、雑誌は雑誌とまとめて並べましたか。厚さや重さで配列を変えましたか。あるいは、大きさに関係なく、教科書、自分の好きな本というように集めて並べましたか。

　分類するにはまず、「似ているもの」と「違うもの」に分けます。自分が決めた任意の基準に沿って集められた「似たものどうし」のグループをいくつか作るのです。そして、似たものどうしを集める時は、それぞれの細かい違いは見ないようにします。つまり、分類をするということは、類似点に焦点をあてて、相違点を無視することなのです。

　本を並べることは分類していることになるのですが、分類の基準が任意であるように、並べ方も自由です。ですから、100 人に同じ本箱と同じ 100 冊の本を与えて、自分の好きなように並べるように指示をすると、誰ひとりとして同じように並べる人はいないでしょう。本を取りやすい場所から並べていく人、小さい本から大きい本へと並べていく人、本の大きさに関係なく自分の好きな本から並べていく人、いろんな並べ方があるでしょう。また、「好きな本」といっても、何を好きなのかも人それぞれです。

　このようにいろんな並べ方になるのは、並べ方の基準となる「似たもの」のカテゴリー自体が、その人の個人的な考えや好みによって異なるからです。つまり、分類のプロセスはあくまでも個人的な、そして任意のものなので、何に注意を払うのかという基準によって分類されるカテゴリーが異なり、本の並べ方も変わってくるのです。

　それでは、「分類」はコミュニケーションにどんな影響を与えるのでしょうか。分類することで、類似点や特徴的な部分に焦点をあてて、相違点は見なくなるので、思考のプロセスが簡略化され、コミュニケーションが速く進むようになります。たとえば日常生活で、父親、母親、先生、学生、友人などと分類して、分類された人たちの類似点についての情報が共有されていれば、コミュニケーションがしやすくなりますよね。ただし、相違点について深く考える機会を遠ざけてしまうことにもなるので、注意が必要です。

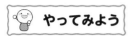 **やってみよう**

次に挙げる国の人のイメージについて述べてください。また、その国について
てどのような考えや感情を抱いているのかも話してみましょう。

① 中国
② 韓国
③ アメリカ
④ ロシア
⑤ フランス

2．ステレオタイプ (Stereotype)

　言葉は、私たちの世界観を形づくる強力なツールです。シンボルである言葉は、
ただ単に体験の世界を表わし、ほかの人の世界観に触れさせてくれるだけでは
なく、私たちのコミュニケーション行動にも大きな影響を与えます。

　私たち人間は自分の知識に基づいて行動しているのですが、知識のない新し
い出来事や未知の人に遭遇すると、「これは何？」「この人は誰？」というように、
それをどこに分類したらいいのかを考える傾向があります。これは、類似点と
相違点に焦点をあてて判断することで、人や物を似たような特質を持つカテゴ
リーの中に入れる言葉の分類機能がはたらいているのです。このようにして作
られたイメージを「ステレオタイプ」といいますが、ステレオタイプ化は言葉
の分類機能の結果起きることです。ステレオタイプ化とは、あるカテゴリーに
属する人のことが話題にのぼった時に、今までその人と直接会ったことも話し
たこともなく、個人的には何も知らないにもかかわらず、そのカテゴリーに対
して抱いているイメージをその人にあてはめてしまうことです。たとえば、「学
生」「高齢者」「外国人」など、分類するカテゴリーがわかれば、その人はその
カテゴリーの人と同じような特質をそなえていると考えます。そして、同じカ
テゴリーの人たちは「みんな同じ」ととらえて、その人特有の性質は無視して
しまうのです。「学生だから…」「高齢者だから…」「○○人だから…」のような
発言は、まさにこのステレオタイプ化の例といえます。

　初めての人に会った時に、その人が実際にどんな人なのかをよく理解するには時間がかかって大変なので、このようにカテゴリー化できるととても楽なのです。その人を自分が知っているカテゴリーの人と同じなのだろうと思うことで、相違点など考えなくてもいいからです。そして、相手が属するカテゴリーを知っただけで、相手のことをわかった気になってしまうのです。

　ステレオタイプは、人々を単純化されたカテゴリーにあてはめてしまうだけでなく、そのカテゴリーの人すべてに共通する特徴を植え付けてしまいがちです。それが、ステレオタイプによる一般化と呼ばれるものです。このステレオタイプによる一般化で問題なのは、自分と異なるカテゴリー（民族、性別、宗教など）の人を、実際にその人とコミュニケーションをすることなく、自分の価値基準で判断してしまうことです。そして、そのカテゴリーに入る個々人の違いを見ないようにして、「よい」「悪い」などの評価（特に否定的な評価）を下してしまうのです。これは、思考を停止させて、十分な相違点の検証をすることも、また、相手を知るための直接のコミュニケーションをすることもなく、自分独自の判断をしてしまうステレオタイプの危険な側面です。

　ちなみに、「私たちと同じような人々」とか「私たちとは違う人たち」のように、自分を中心に人の分類をすることを「自民族［自文化］中心主義（Ethnocentrism）」といいます。

3．両極化 (Polarization)

　もう一つ、分類することで、私たちが言葉での思考をサボってしまう傾向に、「両極化」があります。私たちは物事を、「白」と「黒」、「右」か「左」、「成功」か「失敗」、「好き」か「嫌い」か、というように 2 つに分けて両極端のどちらかの言葉で表現したい傾向があります。

　テレビや映画でも、善人の主人公と悪者がいて、悪者を成敗する主人公が物語を展開し、私たちを楽しませてくれるものがたくさんあります。初めて見るドラマや映画でも、主人公と悪者がすぐにわかると、すんなりとストーリーに入っていくことができます。そして主人公を応援し、悪者を懲らしめたいと思いながら、物語を楽しむのです。このように、娯楽の物語の中では善人と悪者に両極化できますが、現実の世界はそのように単純ではないので、両極端に分けることはできません。

　ちなみに、私たちが両極化したい傾向を持つのは、両極化することで物事を簡単に考えることができるからです。どちらが「よい」のか「悪い」のか、どちらが「正しい」のか「間違っている」のかを、時間をかけてあれこれ考えることなく、自分にとって意味あるようにすぐ解釈することができるからです。

　しかし、現実の世界では、「赤」と「青」のように、言葉で両極化することはできません。「赤」と「青」の間には中間色としての「紫」という言葉がありますが、実際には「赤」と「青」「紫」の間には、この３つの言葉では表わせないたくさんの色が存在しているのです。

　そして同様に、「好き」か「嫌い」か、「正直」か「不正直」か、「よい」のか「悪い」のかについても、その両極の間にいろいろな段階があるので、単純にどちらかに分類することはできません。つまり、言葉の数は限られているので、私たちの現実の世界のすべてを言葉で表わすこと自体が不可能なのです。ですから、両極端の言葉のどちらかを選ぶことは、体験の世界である現実を無視して、正しい選択をしていないことになります。

　そしてまた、私たちの体験は動的なものなので、静的なシンボルである言葉で表わすこと自体がむずかしいのです。ですから、自分が体験し変化している現実が、「正しい」のか「間違っている」のかなどというように、言葉で把握することはできません。つまり、私たちが生きている現実というのは、両極端の「どちらもありうる」、そしてまた、その両極の間のどこかにいることになるのです。

　ですから、私たちの体験の世界は、言葉で簡単に両極化して表わすのではなく、両極の間にはいろいろな段階の現実があること、そしてそれらすべてを表わす言葉はないこと、つまり、言葉には限界があるということを心に留めておくことが大切です。また、きちんと説明するのが面倒なので、つい、現実とは異なっているにもかかわらず、両極化した言葉のどちらかを選んでしまったり、選ばせようとしたりしがちです。しかしそれは、時間をかけて思考することを停止させ、コミュニケーションを努力することなくやめてしまうことになります。

4. 固定評価 (Frozen Evaluation)

　私たちは、世の中は常に変化し、自分もほかの人も変化しながら現実の世界を生きていることを知っています。それにもかかわらず、私たちは自分のまわりの人との人間関係やコミュニケーション環境は永久に変わらないでほしいと

思っているのも確かです。特に自分にとって大切な人は、いつまでも変わらずにそのままであってほしいと思うものです。たとえば、5年、10年ぶりに会った友人が、「昔と全然変わっていないね」などと言ったりすることがありますが、5年、10年経って、人間が変わらないわけはありませんよね。そう思いたい気持ちが、そういう言葉になるのです。

　このように、以前自分がその人に対してした評価や判断を、いつまでも持ち続けることを「固定評価」といいます。しかし、私たちが持ち続けるのは、よい固定評価だけではありません。

　たとえば、何かの事件を起こして服役していた人が自分のまわりにいたとします。刑期を終えたにもかかわらず、現在のその人を事件を起こした人のカテゴリーに分類したまま、あたかも昔のままであるかのように見てしまうのです。これは、現実の変化を受け入れず、以前の悪い固定評価を現在のその人に持ち続けている例です。

　また、恋愛関係だった二人が別れることになった時、「3年前は、気持ちはずっと変わらないと約束したのに、なぜ気持ちが変わったのか」と相手を責めるかもしれません。しかし、3年間で変わったのは相手だけでなく、自分自身も変わっていることに気づくことが必要です。一人だけが変化するのではありません。みんな同じように成長し変化しているのです。

　ですから、変化のない言葉と変わりゆく現実の間にはギャップがあることを心に留めておく必要があります。現実というものが、いつまでも変わることのない言葉のようであると思い込まないことです。私たちはよくも悪くも、ここに挙げた例のように、一度何かに対して抱いたイメージをいつまでも持ち続けてしまう傾向があるのです。固定評価に惑わされることなく、現実をしっかりと見てコミュニケーションできるようにしましょう。

5．DIE メソッド

　知覚の仕方も意味づけの仕方も違う人どうしが、お互いを理解し合い意味を共有しようとコミュニケーションをしているのです。ですから、相手を思う気持ちがあっても、その思いが届かず、コミュニケーションが空回りして人間関係がうまくいかないことがあるのも当然です。それでは、少しでも円滑なコミュニケーションを行なって、よりよい人間関係を築くにはどうしたらよいのでしょ

うか。

　ここでは、1つの方法として、「DIE メソッド」を紹介します。DIE メソッドの「DIE」とは、Description、Interpretation、Evaluation の3つの言葉の頭文字です。

D = Description = what you see（見たこと：描写）

I = Interpretation = what you think about what you see（考えたこと：解釈）

E = Evaluation = what you feel about what you see（感じたこと：評価）

私たちは日常生活でいつも DIE を一瞬のうちにやっています。これは、あるものを見たら、それがきっかけになって、考えたり、感じたりする「意味づけのプロセス」でもあります。

　たとえば、みんなで映画を見に行ったとします。その映画館で「見たこと(D = Description)」は、映画館にいた人全員が同じです。みんな同じ内容の映画を見たのですから。ところが、その映画を見て「感じたこと(E = Evaluation)」は、「おもしろかった」「おもしろくなかった」「よかった」「よくなかった」「好きだ」「嫌いだ」などと、人によって違います。また、どうして「おもしろい」あるいは「おもしろくない」と思ったのか、すなわち「考えたこと(I = Interpretation)」も、人それぞれです。たとえばおもしろかった理由を、「主人公の生き方に感動した」と言う人がいれば、「ストーリーの展開がはらはらさせられておもしろかった」と言う人、「映画全体を流れる音楽がよかった」と言う人など、さまざまです。

　それでは、次の やってみよう をやってみましょう。

• •

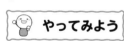 **やってみよう**

　1. 次のページの写真の人たちはどこの国の人で、何をしているのでしょうか。そう思ったのはなぜですか。

2.「青年海外協力隊員として、この国に行きませんか」と誘われました。
　あなたはこの国に行きたいですか？
　（　　）はい　　理由：＿＿＿＿＿＿＿＿＿＿＿＿＿＿＿＿＿＿
　「はい」の場合、どのくらいの期間滞在してみたいですか。
　（　　）日　　（　　）週間　　（　　）か月　　（　　）その他
　理由：＿＿＿＿＿＿＿＿＿＿＿＿＿＿＿＿＿＿＿＿＿＿＿＿＿
　（　　）いいえ　　理由：＿＿＿＿＿＿＿＿＿＿＿＿＿＿＿＿＿

　それぞれの質問に対して、いろんな答えが挙がったと思います。何をしているのかについては、こんな解答があったかもしれませんね。
　　・村長さんがみんなにお話をしている
　　・ライブをしている
　　・村のお祭りでダンスをしている
　　・なにかの儀式をしている　　　など。
　この国に行きたいかどうかの質問には、「行ってみたい」と答えた人も、「行きたくない」と答えた人もいるでしょう。「楽しそうだなぁ」と思った人もいるでしょうし、「何をしているのかわからないので、こわい」と思った人もいるでしょう。「わからないから、行って確かめたい」と思う人もいるでしょうし、「どんな場所かもわからないし、言葉も通じないだろうから、あぶない目にあいたくないので行きたくない」と思う人もいるかもしれません。この写真を見た人

の数だけの、異なった解釈や思いがあると思います。

　つまり私たちは、この１枚の写真を見ただけで、この国や人々の暮らしぶり、何をしているのか、また、この国に行きたいかどうかまで一瞬のうちに意味づけしたのです。このように、意味づけのきっかけになるものは、言葉だけではありません。１枚の写真がきっかけになって、皆さんの心の中にたくさんの意味が生じました。これがコミュニケーションなのです。それにしても、たった１枚の写真から、とても多くの解釈が生まれることに驚きます。同じ写真を見ても、誰ひとりとして同じように意味づけし解釈してはいないということです。

　この写真を見て、タイ、インド、アフリカ、ドイツ、モンゴル、インドネシアなど多くの国名が挙がったことでしょう。また、何をしているかについても、「なにかの儀式」「村人の集会」など、いろいろな解釈をしたと思いますが、これは DIE の「考えたこと(I = Interpretation)」です。それに対し、「この国に行きたい」「行きたくない」というのは自分の感情、気持ちの部分ですから、DIE の「感じたこと(E = Evaluation)」になります。

　１枚の写真を見ただけで、「ここはこんな国だ(I)」「だから行きたくない(E)」と一瞬で解釈し評価したわけです。このように、私たちはふだんの生活の中でも多くのものを知覚し、意味づけをしています。DIE の３つのプロセスについて理解できましたか。それではここで、DIE をもう一度確認してみましょう。

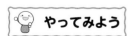

やってみよう

　次の①から⑥の言葉は、「D＝見たこと」「I＝考えたこと」「E＝感じたこと」のどれにあたるのか、チェックしてみましょう。

①（　　）なにかの儀式をしている。

②（　　）ここには子供も含めて大勢の人が集っている。

③（　　）この国には行きたくない。

④（　　）まん中に立っている男の人が村長さんで、みんなに話をしている。

⑤（　　）最前列の右から２番目には、下を見ている子供が写っている。

⑥（　　）みんな集って楽しそうなので、ぜひここを訪れてみたい。

　私たちは、まわりの環境で何が起きているのかをこのDIEのように瞬時に知覚し、意味づけをします。つまり、自分の目で「見たこと」を通して、一瞬のうちに、何があったのかを「考え」、「感じ」取るのです。私たちは意味づけをせずにはいられません。必ず自分で納得のいくなんらかの意味を探そうとします。これがコミュニケーションです。

　しかし、私たちの意味づけがいつも正しいとはかぎりません。同じ写真を見ても、タイ、インド、アフリカ、ドイツなどさまざまな国名が出てきました。何をしているのかについても、さまざまな解答が出てきましたよね。このように写真を見た人の数だけのいろいろな意味づけが出てくるわけですが、自分の意味づけがその人にとっての正解なので、ほかの解釈には思いが至らないのです。

　そして「考えたこと(I)」の次に、「感じたこと(E)」として「行ってみたい」「行きたくない」などの感情が生まれますが、それは、「考えたこと(I)」でどのように解釈をしたかによって変わってきます。肯定的な解釈をした場合は、肯定的な感情が沸き上がってきますが、もしもこの写真を見て、「なにか意味のわからない儀式をしていて、人々が洗脳されてしまうかもしれない」などと解釈した場合は、「この国には行きたくない」と否定的な感情を持ってしまうのです。

　ここまでの説明でわかるように、私たちは日常生活でも、いつもすべてを肯定的に解釈しているわけではありません。たとえば、同じ講義を聞いていても、「楽しかった」と思う人もいれば、「おもしろくなかった」と思う人もいます。同じ映画を見ても、「すごくよかった」と思う人もいれば、「全然よくなかった」と思う人もいます。それが現実です。みんなが同じように解釈して同じように感じるわけではありません。

　しかし、解釈や評価が異なるのが自分にとって大切な人の場合は、相手を理解できないままにしておけないこともあります。そんな時には、DIEメソッドを使って、自分の解釈の幅を広げる努力をしてみるとよいでしょう。

　では、解釈の幅を広げるには、どうしたらよいのでしょうか。Dの「見たこと」ではみんなが同じものを見ているので、見たことの事実については意見の相違はありません。しかし、この事実である「見たこと」がきっかけになって生まれてくる意味(Iの「考えたこと」)と、さらにその意味から生まれる評価(Eの「感じたこと」)が人それぞれなのです。

　私たちは日常生活では、Dの「見たこと」にあまり時間をかけず、すぐに意

味づけである解釈をしてしまい、感情もそれについてきます。そこで、解釈の幅を広げるために、まず、Dの「見たこと、起きたこと」にもう少し時間をかけてみましょう。何があったのかをよく見極めるようにするのです。「見たこと」から早急な解釈をするのではなく、「見たこと」だけに時間をかけて正確に観察してみるのです。この時、Iの「考えたこと」もEの「感じたこと」も入れないようにします。

　特に自分の意味づけが否定的だった場合は、もう一度、見たこと、起きたことを時間をかけてよくみることが必要です。そうすると、今まで考えられなかった新しい解釈ができてきます。解釈を入れずに、評価もまじえずに、見たこと、起きたことを中立的な立場でみてみるのです。

　それでは、次の やってみよう をやってみましょう。

・・・・・・・・・・・・・・・・・・・・・・・・・・・・・・・・・

 やってみよう

　もう一度、115ページの やってみよう の写真を見て、Iの「考えたこと」や、Eの「感じたこと」は入れずに、Dの「見たこと」だけを話してみましょう。（誰の目にも見える、写真に写っている事実だけを、自分の考えも気持ちも入れずに話してください。）

・・・・・・・・・・・・・・・・・・・・・・・・・・・・・・・・・

　どうでしたか。「考えたこと」「感じたこと」を入れずに「見たこと」だけを話すのは案外むずかしかったのではないでしょうか。私たちはつい、すぐに意味づけをしてしまいがちです。ですから、Iの「考えたこと」に行く前に少し立ち止まって、Dの「見たこと、起きたこと」に時間をかけてみましょう。いくつもの解釈ができる能力を身につけるには、「何があったのだろう、何が起きていたのだろう」とあわてずに時間をかけてよく考えるようにすることが必要です。

　そして、このように自分の意見や感情を抑えて、「見ること（描写）」だけに時間をかけて集中することで、自分自身の偏見も薄れてきて、初めは見えなかったものに気づけるようになります。この写真について否定的な考えや気持ちを抱いてしまった人は、ぜひ、もう一つ別の解釈ができないか、考えてみてください。それでは、別の解釈をする練習をしてみましょう。

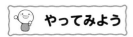 **やってみよう**

　今朝、あなたがキャンパスを歩いていたら、一緒に授業を受けている A さんとすれ違いました。すれ違い際、あなたは A さんに笑顔で会釈をしました。ところが、A さんは下を向いて何も言わずに去って行ったのです。あなたは、A さんのそっけない態度に「えー、どうして反応してくれないんだろう。いやな感じ…失礼な人だなぁ」とむっとしてしまいました。②に違う解釈をしてみましょう。

　　見たこと(D)

　　　下を向いて何も言わずに去って行った。

　　考えたこと(I)

　　　① 私を無視して、失礼な人だ。

　　　②

　　感じたこと(E)

　　　① 感じが悪い。むかつく。

　　　②

どうでしたか。2つ目の解釈はできましたか。

　皆さんにいろいろ考えてもらった 115 ページの写真は、アラスカにあるユーピック族の小さな村のお祭りの写真でした。みんなが集まって、夜通し音楽とダンスを楽しむ、村人たちみんなが心待ちにしている村一番のお祭りです。わけがわからなかった写真の意味がわかると、この国には行きたくないと「感じた」人も、1週間なら行ってみてもいいかなとか、1か月くらいホームステイしてみたいなど、新しい解釈ができて、この国に対する感じ方も全く変わってくるのではないでしょうか。

電車にお辞儀？

　コミュニケーションとコンテクストには密接な関係があります。私たちは意味づけをする時に、その時のコンテクストの中から、自分なりに意味が通るように解釈しようとします。そして、2つの出来事が同時に起きた時には、その2つは関連性があるのではないかと思い込む傾向があります。その2つの出来事を関連づけて意味づけすることで、自分なりに意味が通るようにしたくなるのです。

　最近、こんなことがありました。各駅停車しか止まらない最寄り駅のプラットホームで、1人の男性が、走り去る急行列車にお辞儀をしているのを見かけたのです。そして、「えー、電車にお辞儀をするなんて、どうして？　おもしろい人もいるものね」と不思議に思いました。

　ところがその男性は、電車が過ぎ去ったあと、またお辞儀をしたのです。そしてそのあと、前だけでなく、後ろや左右にも体を曲げました。つまり、電車にお辞儀をしたのだと思ったこの男性は、お辞儀をしたのではなく、電車を待っている間にプラットホームで軽く体操をしていたのでした。

　たまたま、下向きに体を曲げた姿勢がお辞儀をしているように見えた時と、急行列車が通過した時が一緒だったために、私はあっという間に「電車が通過する」と「お辞儀をしている男の人」を関連づけて、「電車にお辞儀をしている」と意味づけしてしまったのです。

　私たちは、まわりの人の何気ない行動を、その時の状況によって、さまざまに意味づけしていますが、このように自分の意味づけが間違っていたとすぐわかる時とわからない時があります。もし、この意味づけが間違いだとわからないままだったら、私はずっとその人のことを「電車にお辞儀をする人だ」と思い込んでいたかもしれません。

　同時に起きた全く関係ない2つの出来事を関連づけて意味づけしてしまったこと、皆さんはありませんか。

第四部

異文化コミュニケーション

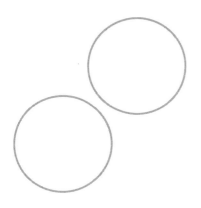

第12章　異文化とは何か

　第四部では、文化背景の異なる人と円滑なコミュニケーションをするにはど
うしたらよいのかを考える「異文化コミュニケーション」について学んでいき
ます。それではまず、異文化コミュニケーションとは何なのか考えていきましょ
う。

1．文化とコミュニケーション

　ここまでの章では、私たちが自分のまわりの世界をどう見ているのか、個人
のフィルター（色眼鏡）で見える世界と現実との関係について学んできました。
しかし私たちは、「個人のフィルター」の上にもう一つ、日本人としての「文化
のフィルター」をかけて世の中を見ているのです。それでは、「文化のフィル
ター」とはどういうものなのか、詳しくみていきましょう。

　まず、「文化のフィルター」という時の「文化」という言葉について考えてみ
ましょう。日常生活で私たちは、「文化とは何か」などと深く考えることもなく
暮らしています。しかし、文化というものは、人間が社会で生きていくために
必要な、とても大切な考え方なのです。文化は既に私たちの生活の一部になっ
ているので、ふだん意識することもないのですが、日本で暮らす私たちの生活
を支えているのは、この目に見えない日本の文化なのです。そして、日本人ど
うしがお互いをよりよく理解し合うための共通の文化的な枠組みが、文化のフィ
ルターなのです。それでは、次の やってみよう を通して、文化について考えて
いきましょう。

 やってみよう

白い紙を2枚用意してください。そして、
1．お花見の絵を描いてください。
2．家族の絵を描いてください。家族構成がわかるように描いてください。

1．お花見の絵

　大学の授業で学生にお花見の絵を描いてもらうと、桜の木の下で楽しそうにござにすわって、飲んだり、食べたり、踊ったり、歌ったりしている人々の様子が多く描かれます。静かにお花見をしている絵もありますが、それでも、そこには必ず桜の木があり、それをめでる人々が描かれています。「お花見の絵」と言っただけで、日本人であれば、みんながお花見の光景を心に思い浮かべて、それを絵に描くことができます。これは、同じ文化を共有している日本人だからこそできることです。お花見という言葉がきっかけになって、桜の季節のお花見の体験を思い出し、みんなが同じような絵を描くことができるのです。

　異文化コミュニケーションの著名な学者で、バーンランドの弟子でもあるジョン・コンドン（John Condon）は、著書の『異文化コミュニケーション』の中で次のような実験結果を紹介しています。日本の文化になじみのない外国人に、お花見で日本人が集っている写真を見せる実験をしたのですが、その写真の中で最初に彼らの目に入ったのは何だったと思いますか。日本人にはあまりにもあたりまえなので、まず意識にも上がってこないものですが、驚くほど多くの人が同じように答えたそうです。その答えが何だったのか、あなたは見当がつきますか。

　日本の文化になじみのない外国人が最初に目にするもの、それは「靴」だそうです。ほとんどの外国人が、ござにすわるために日本人が脱いだ「靴」に目が行くのだそうです。日本人の私たちには、驚くような答えです。しかし、1日中靴を履き、自宅でも靴を脱がない彼らが靴を脱ぐのは、ベッドに入る時、つまり寝る時しかありません。ですから、日中にそれも屋外で靴を脱いでいるのが、彼らにはとても奇妙に見えたようです。

　ござにすわっている人たちを描いた日本人学生のお花見の絵では、ござのそばに靴が描かれているものもあれば、あまりにもあたりまえのことなので、靴は省略され描かれていないものも結構あります。「ござにすわっている」ということは、当然靴を脱いでいるということだからです。もし、靴を履いたままござにすわっている人がいたら、私たちは「靴を脱いでください」と言うでしょう。つまり、「ござの上では靴を脱ぐ」というのが私たちにとってはあたりまえのことで、それは私たち日本人が日本で生活し学んできた、目に見えない日本の文化のルールなのです。

コンドンによると、日本のお花見の写真を見た外国人は、まずござのそばにある靴に注目し、そして飲み食いしている人々を見て、視線がそこまでで止まっているのだそうです。驚くことに、彼らの多くはみごとに咲いている桜には注目しないのだそうです。それに対し、これが「お花見」であることがすぐにわかる日本人は、まず桜の木に注目します。そして、桜の木の下でござにすわってお花見を楽しんでいる人までは注意を払いますが、「靴」に注目する人はまずいません。

日本のお花見という行事を体験した人だけが、その写真の中に日本の文化であるお花見を意味づけすることができるのです。コンドンは、「同じものであっても、見ている人の文化背景が異なれば、見ているものも違うということだ」と述べています。確かに、同じ写真でも、意味づけのきっかけとして選択するものが、「桜」なのか、「靴」なのかというように異なれば、解釈が同じにはならないことは明らかです。写真で、桜の下の群衆を見て「お花見の行事だ」と意味づけできるのは、日本に住んでお花見を体験し、「そういうふうに見る」ことを学んできた文化背景が日本の人だからなのです。

２．家族の絵

あなたはどんな家族の絵を描いたでしょうか。筆者が授業で学生に家族の絵を描いてもらうと、毎回同じような非常におもしろい結果が出ました。「家族の絵を描いてください」とだけ言って、ほかになんの指示も与えないのですが、不思議なことに、祖父母、父、母、姉、兄、妹、弟など、家族を年齢順に紹介する絵を描く学生が多いのです。最近は、祖父母と同居している人は少なくなってきていますが、それでも、家族の年長者から始めて、祖父母、両親、兄姉、弟妹の順に描いていく傾向があります。

そして、左から右へと、きちんと１列に並べて描かれている絵が多いのも特徴の一つです。「１列に並べて描いてくださいね」という指示は全く出していないにもかかわらず、みんなきれいに一直線上に描くのです。時々、弟や妹、ペットの犬猫も描いているのに、自分を描くのを忘れている人がいたりします。しかし、なぜなんの指示がなくても日本人は、年長者から順に、そして、きれいに１列に並べて描くのでしょうか。

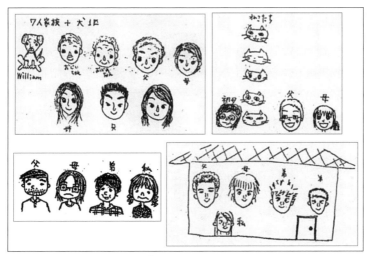

学生が描いた家族の絵の例

　コンドンは著書の中で、インターナショナルスクール(以下、インターナショナルと略)の子供たちが描いた家族の絵について、このように述べています。「日本人がきちんと整列した家族の絵を描くのとは違い、インターナショナルの子供は、まず自分の顔を紙の中央にいちばん大きく描き、兄弟、姉妹、両親などは端っこや、時には裏側の、好きな場所に自由に描くのです。ですから、日本人の絵のように、きちんと並んで描かれた絵は、ほとんどありません。両親から描き始めて、自分はどちらかといえば、最後に控えめに小さく描く日本の子供たちとは大違いなのです」。

　なぜインターナショナルの子供たちは、自分を先に、それもまん中に大きく描くのでしょうか。それに対し、なぜ日本人は、年長者である祖父母、両親から描き始めて、自分を最後にし、そして家族をきれいに並べて描くのでしょう。年長者を先に描くことを私たちはどうやって学び覚えてきたのでしょうか。そして、どうしてきちんと並べて描くことを覚えたのでしょうか。私たち自身も理由がわからないほど、そのような考え方が体の一部になっているのです。これが目に見えない文化のルールなのです。日本人もインターナショナルの子供たちも、まわりの人たちはみんな自分と同じように考えて行動していると思っているので、自分が描いた絵になんの疑問も持っていないのです。

　しかし、外国人の子供たちが自分の顔を最初に、それも紙のまん中から描き始めるのを見ると、日本人はどうしてなのだろうと不思議に思います。同じように、日本人が家族の絵を描いているのを見ると、外国人はどうして自分から先に描き始めないのだろうと不思議に思うでしょう。このように私たちは、異なる文化に出会うまでは、自分と異なる文化があって、自分とは異なるものの見方をしている人たちがいることに気づかないのです。

　自分の存在のあり方を、家族の一員の「私たち（We）」として学んでいく日本人と、家族の中でも、集団の一人ではなく、異なる個人である「私（I）」として学んでいく個人主義の英語圏の子供たちとでは、身につけていく文化的な考え方が違うのです。

　日本人も、そして日本以外の国の文化の人も、自分の国の文化でうまく生きていくのに必要な文化のルールをそれぞれの文化の中で学んでいきます。この目に見えない文化のルールは、その文化内の誰にとってもあたりまえのこととして学習され、自然と身についているのです。そのため、みんなが同じように物事をとらえ、行動しているので、私たちはそれが学習された文化であることに気づかずに生活していますが、これが目に見えない文化のルールであり、私たちが生きていくうえでの大切な指針になっているのです。

　近年、「荒れる成人式」がニュースに取り上げられることが多くなりました。成人式の式典で壇上に上がって、市長の話をさえぎって式典の妨害をしたり、式典後に路上でお酒を飲んで大騒ぎしたりする若者の姿をニュースで目にします。大人になったことを祝い、自覚するための成人式なのに、やっていることは「全くの子供で、大人になっていないなぁ」と感じる人もいるでしょう。「子供だ、大人になっていない」というのはどういうことかというと、「日本人の大人として、当然身につけているべき文化を身につけていない」という意味です。きちんとした大人の日本人であれば、あるべき場所で、あるべき行動をとることができる、つまり日本人としての文化的な規範を身につけているという意味です。公式な式典ではきちんと壇上の人に敬意を払い、しっかりとその人の話を聞き、もしも言いたいことがあるのなら、しかるべき方法で意見を述べるなど、日本人が考えるきちんとした行動がとれる人を大人というのです。

　さて、この2つのお絵描きを通して、「文化とは何か」ということが少しは見えてきたでしょうか。それでは、文化についてまとめてみましょう。

(1) 文化は学習される

　私たちは日本人として日本の文化を身につけて生まれてくるわけではありません。目に見えない文化のルールは、まわりの人間関係の中で、直接体験を通して学んでいきます。幼稚園や小学校の頃、まわりの大人たちからどんなことを言われたのか、思い出してみてください。食事の時にこんなことを言われませんでしたか。「食事の前に手を洗いましょう」「お行儀よくすわって食べてね」「手で食べずに、きちんとお箸を使いましょうね」。そして、食事以外の時には、「先生やお父さんお母さんの言うことをきちんと聞きましょう」「年下の子の面倒をみてあげてね」「人の話はちゃんと聞きなさい」など、数えきれないほどの「しつけ」を受けて、私たちは成長していきます。これらは、大人になるにつれて、言われなくてもできるようになり、目に見えない文化のルールになっていきます。大人になってからも、学生の時は学生の、社会人になったら社会人としての、さまざまな文化のルールを学びながら私たちは成長していくのです。

(2) 文化は集団によって共有される

　同一文化内の人は、同じように文化を学んでいきます。それも意識することなく学んでいくのです。日本の子供は、日本の文化の中で日本人として日本の社会を生き抜くのに必要な文化のルールを学び、それを実行していきます。ですから、同じ文化内の人は、似たような考え方をして、似たような行動をとるのです。日本人学生がみな似たような家族の絵を描き、文化の異なるインターナショナルの子供たちもまた似たような絵を描くように、同じ文化内の人々は物事を同じようにとらえ、同じような表現方法をとるので、お互いを理解しやすく、コミュニケーションもうまくいくのです。

(3) 文化はふだん意識しないものである

　これが文化の特徴の中で、特に異文化コミュニケーションを学ぶうえで、いちばん大切なことになります。なぜなら、私たちはあまりにも自分の文化を当然だと思っているので、異なる文化の人は全く異なる考え方をしているということに思いが至らないのです。筆者もコンドンの本を読むまでは、英語圏の人が家族の絵を描く時に、「まっ先に自分を中心に大きく描き、家族は端に小さく描く」ことなど、全く想像もしていませんでした。しかし、実際に筆者が勤める大学に来たアメリカからの留学生 2 人に授業で家族の絵を描いてもらったと

ころ、2人ともやはりまず自分の顔をまん中に大きく描いたので驚いたものです。私たちは自分たちと考え方や行動が異なる文化の人に会うと、本当に驚き、動揺します。同じように、日本以外の文化の人にとって、私たち日本人が家族の絵を描く時に、家族を年長者からきれいに並べて描き、自分は最後に小さく描くことなど想像できないでしょう。

このように私たちは、ふだんの日本の生活の中では、自国の文化のルールをしっかり理解したうえで生活をしているので、取り立ててこれが文化だとは意識していません。たとえば、入学式や卒業式にジーンズでは出かけませんし、お葬式に赤い服は着ていきません。浴衣を着ているのにハイヒールは履かないし、食事を手で食べたりもしませんよね。人とのコミュニケーションでも、自分の意見を強く主張するよりは、相手との妥協点を見いだそうとします。また、大教室の授業で、みずから積極的に質問したりもしません。授業で討論をするよりは、静かに講義を聞いているほうを好みます。でも、これらはすべて日本の文化が私たちの考え方や行動に与える大きな影響によるものなのです。

(4) 文化は世代から世代に受け継がれる

どれだけIT技術が進化し、さまざまな情報収集がいとも簡単にでき、世界中の人々との交信が可能な世の中になっても、それと同じ速度で文化が変化していくわけではありません。これだけ世界中からの情報に取り囲まれて生活している私たち日本人が、どこか自分のあこがれの国の文化を取り入れて、その文化の人になれるかといえば、それは不可能です。やはり、どんな人も自国の文化がここちよく、大切にしたいと思っています。そして、その文化を自分たちの後の世代に残していきたいと思っています。残念ながら世界のあちこちで戦争が起きているのは、自国の文化を守るためというのが一因になっていることもあるのです。

新しい情報だけでなく、古い文化や伝統もすべて人から人へ、世代から世代へとコミュニケーションを通して受け継がれていきます。この時に受け継がれるのは、情報だけではありません。その文化が大切にしている、その国の文化色に染まった考え方や価値観も、コミュニケーションと体験を通して世代から世代へと受け継がれていくのです。誰にとっても自分の文化は大切なものです。ほかの国の文化も、自分の国の文化と同じように尊重し、大切にされるべきです。

ここまで、文化についていろいろとみてきましたが、ここでは、「文化とは、人が世界を解釈し、意味づけし、社会に適応していくための枠組みであり、ものの見方を方向づけてくれるものである」と定義しておきたいと思います。

　それでは、もう少し、文化について考えてみましょう。

● ・・・・・・・・・・・・・・・・・・・・・・・・・・・・・・・・・・・・・・ ●

🔍 やってみよう

　大学からの依頼で、今週末、あなたの家にアメリカからの留学生（男子学生の家には男子学生、女子学生の家には女子学生）が 3 泊 4 日でホームステイにやってくることになりました。大学からは、「日本の文化」について学べる 3 日間のスケジュールを考えてその留学生に実行してほしいと依頼されました。必要経費は、全部大学が支払ってくれます。あなたはどんなスケジュールを立てますか。

　金曜日の夕方 4 時に大学関係者が留学生を家に連れてきて、月曜日の朝 10 時に迎えに来ます。3 泊 4 日の間、自宅以外の場所に移動してもかまいません。

　どんなスケジュールにしたのか、そしてなぜそのようなスケジュールにしたのかを考えてみましょう。

● ・・・・・・・・・・・・・・・・・・・・・・・・・・・・・・・・・・・・・・ ●

　あなたはどんなスケジュールを立てましたか。日常生活ではあまり深く考えたことがない「日本の文化」という概念に、とまどった人も多かったかもしれませんね。しかし、漠然とではあっても、これが日本の文化だろうという答えがたくさん出てきたのではないでしょうか。「日本の文化」という言葉のイメージから、京都や奈良、鎌倉、浅草の有名な神社やお寺など、日本の観光名所に連れて行く計画が多く出たかもしれませんね。また、日本の伝統文化である歌舞伎や能、お茶やお花を紹介したり、日本旅館に泊まって、日本料理を食べ、和室で過ごし、温泉に入り、浴衣や着物体験をしてもらったり、日本のお祭りやお花見などを体験してもらうなどの案も出てきたことでしょう。あるいは、現代の日本の文化を知ってもらうために、原宿や秋葉原に連れて行くとか、ディズニーランドやユニバーサルスタジオなどもあったかもしれませんね。そして、自宅で日本人の生活そのものを体験してもらうというアイディアもあったかもしれません。

　きっと自分と同じような解答がたくさん出て、「そうだそうだ」と納得する体

験をしたと思います。「文化は集団で共有されるもの」なので、このような問題に対しても、日本人は同じような考え方をして、同じような行動をとることができるのです。

２．客観文化と主観文化

　皆さんが先ほどの やってみよう で挙げた、日本の文化だと思った例の多くは、神社仏閣、日本旅館などの建築物や日本の習慣である冠婚葬祭など、目で見て体験できる文化です。このように、目で見ることや、体験し観察することができる文化を「客観文化(Objective Culture)」といいます。しかし、異文化コミュニケーションで扱うのは「客観文化」ではなく、目で見ることのできない、もう一つのレベルの文化の「主観文化(Subjective Culture)」なのです。

　主観文化とは、客観文化のように直接目で見ることはできない、考え方や価値観など、主観的な側面を表わします。たとえば、神社やお寺など日本建築という客観文化の中に、日本の文化が大切にしている何が見えてくるでしょうか。また、日本の伝統文化である歌舞伎や能、華道、茶道の中には、日本の文化が大切にしているどんな考えが存在しているのでしょうか。異文化コミュニケーションの分野で焦点をあてるのは、目に見える客観文化の 他の文化との比較研究ではなく、人間のコミュニケーション行動です。文化背景の異なる人がコミュニケーションをする時の問題点を検証して、円滑なコミュニケーションがとれるようにするためにできることを考えていくのです。

　日本人が大切にしている文化的価値観は、日本人の主観そのものなので、目で見ることはできません。見て観察できるのは、人々のコミュニケーション行動だけです。しかし、そのコミュニケーション行動の中には、その人の価値観や考え方が無意識であっても、如実に表われているのです。

　たとえば、「モーツァルトは美しい」「ミロやピカソはすばらしい」「あの先生は本当に尊敬できる」「ロックはくだらない」などの言葉を発している人は、その話題である音楽や人物などについて述べているのではなく、実は、自分自身を語っているのです(57 ページ参照)。モーツァルトを聴いたり、ミロやピカソを見たりして、それを美しいと感じる感性や審美眼を持っている自分自身のことを述べているにすぎません。「ロックはくだらない」と言っている人は、「ロック」という言葉を聞くと、その言葉がきっかけになって、「ロックというものは

くだらないものだ」と意味づけをするその人自身の「ロック」に対する個人的
見解を述べているだけで、ほかの人が思う「ロック」そのものとはなんの関係
もないのです。このように、その人が話す言葉やコミュニケーション行動には、
その人の考え方や価値観が表われているわけですから、私たち日本人の発する
言葉やコミュニケーション行動には日本人としての文化が表われているのです。

　次の章では、実際の人間のコミュニケーション行動に焦点をあてて、文化を
探っていきます。

コラム
留学したら英語がじょうずになるワケ

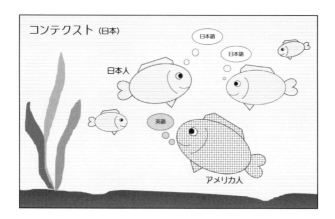

コンテクスト (日本)

　この水槽の図は、日本人学生が日本の大学で、英語のネイティブの先生の授業を受けている様子だと思って見てください。淡い色の横縞模様の魚が日本人学生で、濃い色の市松模様の魚がアメリカ人の英語の先生です。当然のことながら、魚は水の中を泳いでいますが、水の存在には気づいていません。魚があたりまえだと思っているこの水は、人間にとっての空気のようなもので、「コンテクスト」に当たります。

　この場合のコンテクストは、日本の文化や、日本の大学の教室内を指しています。英語の授業を受けている時は、魚が水のことなど考えずに泳いでいるのと同じように、日本人学生は言語である英語に集中して勉強しています。しかし、あたりまえだと思っている このコンテクストには、目に見えない日本の文化のルールがいっぱい詰まっているのです。

　たとえば、日本人学生の教室内での先生に対するコミュニケーションの仕方です。授業中は、先生に敬意を払い、先生の言うことを静かに聞いてメモをとり、質問されたら 首を振るなどの非言語メッセージで控えめに答え、自分の質問で授業を妨げないよう、まわりの学生への配慮も忘れません。

　このように、教室内で日本人学生は、無意識であっても、日本人として守るべき文化のルールに従って、英語の授業を受けているのです。ところが、ほかならぬこの日本のコンテクストが英語の上達をはばむ原因になってしまうのです。理想としては、英語の授業では、コンテクストも英語圏のように変えられるといいのですが、日本のコンテクストの中で教室だけを英語圏のコンテクストに変えるのは、非常にむずかしいものです。仮に英語の授業中は、日本語は禁止、英語だけで授業を行なったとしても、日本の大学内でのコンテクストであることに変わりはありません。

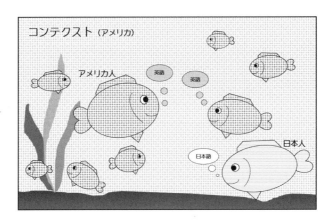

　それでは、アメリカに留学したらどうなるでしょう。この図のように、水槽には、濃い色の市松模様のアメリカ人の魚がたくさん泳いでいます。あなたは日本人ですから、淡い色の横縞模様の魚です。そして、授業で英語を学んでいますが、ここではただ日本語を英語に置き換えて 英語という言語だけを学んでいるのではありません。アメリカ人の魚と同じ模様のアメリカのコンテクストの水の中を泳ぎながら英語を勉強しているのです。

　このアメリカの水の中には、日本人には見えない アメリカが大切にしている文化のルールがたくさん含まれています。たとえば、「自己主張すること」「Yes、No をきちんと言うこと」「あいまいにせず、はっきり言うこと」「空気を読まないこと」「推測しないこと」「（心の中で思ってい

るだけでなく）すべて言葉で表現すること」などです。ですから、あなたが留学したら、このようなたくさんのルールがある水の中を実体験しながら、24時間泳ぎ続けることになります。

　今 日本の大学でネイティブの先生から、1回90分の英語の授業を週に2回受けているとします。すると、1週間で3時間、1か月で12時間の英語を学んでいることになります。それに対して、アメリカで生活すると、1日24時間で8時間睡眠だとしても、日本で1か月に12時間学ぶ英語の授業を、本物のコンテクストの中でたった1日で学べることになります。ですから、海外留学して現地のコンテクストの中で1か月も学ぶと、着実に語学が上達し、さらに 日本のコンテクストでは決して学ぶことのできない その文化に合った適切なコミュニケーション・スタイルも学ぶことができるのです。つまり、現地のコンテクストの中で学ぶと、言語だけでなく、その水の「泳ぎ方（＝文化のルール）」も一緒に身につけることができるのです。

第13章 コミュニケーション・スタイルの違い

1．日本人は人前で話すのが苦手？

　筆者が勤めていた大学では、新入生は全員 日本語でスピーチをする授業が必修科目になっていました。その授業を受けている学生に、「スピーチをするのは得意ですか」と質問すると、ほとんどは「苦手だ」と答えます。中には「得意だ」という学生もいますが、100人の学生がいたら、90人以上から「話すのは苦手だ」という答えが返ってきます。

　しかし、幼稚園に通い、その後、小学校、中学校、高校と12年もの学校教育を受けているのに、「人前で話すのが苦手な大学生」になっているのは、とても不思議なことです。また、社会人を対象にした企業研修でも、やはり、話すことに苦手意識を持っている人が多いのです。長い時間をかけて、わからなかったことがわかるようになり、できなかったことができるようになるのが学校教育であるはずですが、なぜ大学生になっても話すことの苦手意識を克服できないのでしょうか。あるいは、苦手意識は大人になるにつれて強くなっていくのでしょうか。それとも、これは日本の教育制度の問題なのでしょうか。

　話すのが苦手だと言う学生に、人前で話す時、どんな気持ちになるのか聞いてみると、

　「頭がまっ白になる」

　「緊張する」

　「パニックになる」

　「じょうずに話せないから恥ずかしい」

　「間違ったらどうしようと心配になる」

　「話すのがへただと思われるのがいや」

など、人前で話すことに不安な気持ちを抱えていることがわかります。

　それでは、人前で話をする時に何が気になるのかを尋ねると、ほとんどの人から「みんなの目、まわりの目が気になる」という答えが返ってきました。見られていることで、どうしても他人の目に映る自分の姿が気になるというのです。なぜ多くの日本人が同じように、「まわりの目」が気になると答えるのでしょう。

単なる偶然でしょうか。それとも、日本の社会現象の一つなのでしょうか。

　ここでもう一度、文化の特徴を思い出してみましょう。文化は「学習される
もの」で、「集団によって共有されるもの」であり、「ふだんは意識しないもの」
で、「世代から世代に受け継がれるもの」でした。また、同じ文化内の人々は文
化的価値観を共有しているので、似たような考え方をして、似たようなコミュ
ニケーション行動をとることができるというのも、文化の特徴でした。

　私たちは幼い頃から、まわりの人たちに「そんなことをしてはいけません」「こ
うしましょう」と言われ、それを疑問に思うこともなく当然のこととして受け
止め、日本の社会を生き抜くための文化のルールを学んでいきます。文化のルー
ルがあるからこそ、話すべきこと、話すべきではないこと、してはいけないこ
となど、私たちはいつどこにいても、どのように行動したらよいのかがわかる
のです。そして私たちは、この文化のルールを、言葉を学ぶように、直接体験
を通して自然に学習していくので、それが文化のルールであることに気づかな
いのです。

　実は、同じ文化内の人に共通した、繰り返し見られる「ものの見方」や「コミュ
ニケーション行動」は、文化の影響を受けています。もし、「人前で話すのが苦
手」という人が少数派であれば、それはその人たちの個人的な能力差によるも
のですが、同じ文化内のAさんもBさんもCさんも、そしてほかにも多くの
人が「人前で話すのが苦手だ」と口にするのなら、それは、個人の性格や能力
によるものではなく、日本の文化の影響を受けて起こっていることなのです。

　それでは、なぜ日本人が人前で話すことにこれほどまでに苦手意識を持って
いるのか、そして、日本人はどんなコミュニケーション・スタイルを持ってい
るのかを探っていきましょう。まずは、日本人に特徴的なコミュニケーション・
スタイルがどんなものかを、とりわけ日本と関係の深いアメリカ人との比較で
みてみることにします。

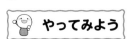 **やってみよう**

　1. 138ページの表のコミュニケーションの特徴について、自分のコミュニ
　　ケーション・スタイルがどの程度あてはまっているのかをチェックしてく
　　ださい。「全くそう思わない」の1点から「非常にそう思う」の5点まで、

5段階で自分のあてはまる点数のところに印をつけて（＝点を打って）ください。すべてのチェックが終わったら、点と点をつないで折れ線グラフにしてください。

2. あなたが思うアメリカ人のコミュニケーションの特徴についてチェックしてください。実際にアメリカ人の先生や友だちがいる場合はその人を思い浮かべて、また、対象になるアメリカ人の知人がいない場合は、テレビや映画などで見たアメリカ人を思い出してチェックしてみましょう。チェックの仕方は1と同じです。チェックが終わったら、点と点をつないで、折れ線グラフにしてください。アメリカ人の線を引く時は、違う色のペンを使うか、点線にしてください。

日米のコミュニケーション

コミュニケーションの特徴	あてはまり度				
形式的					
自主的					
おしゃべり好き					
親しい					
まじめ					
自主性がない					
緊張している					
遠慮をする					
率直な					
自発的					
隠しだてしない					
衝動的					
甘える					
くつろいだ					
はぐらかそうとする					
黙りがち					
自己主張する					
形式ぶらない					
よそよそしい					
ユーモアがある					
用心深い					

1　　　2　　　3　　　4　　　5 （点）

実線：日本人　　点線：アメリカ人

日米のコミュニケーション

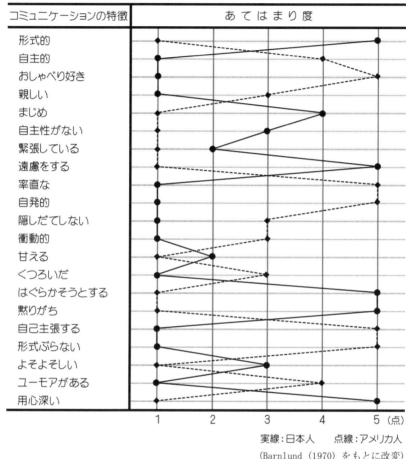

| コミュニケーションの特徴 | あてはまり度 |

実線：日本人　　点線：アメリカ人
(Barnlund (1970) をもとに改変)

　この結果のグラフからわかるように、日本人は自分のコミュニケーションの特徴を、「形式的」「遠慮をする」「黙りがち」「用心深い」「はぐらかそうとする」「まじめ」というように考えています。そのほかに「自主性がない」も特徴として挙がっています。そして、日本人は、アメリカ人のコミュニケーション・スタイルを、「自己主張」し「率直」で「形式ぶらず」「自発的」で「おしゃべり好き」、「自主的」で「ユーモアがあり」「親しい」とみています。

　またアメリカ人は、自分自身のコミュニケーション・スタイルについて、自分たちは「自己主張」し「率直」で「形式ぶらず」「自発的」で「おしゃべり好き」、「自主的」で「ユーモアがある」と思っていて、日本人が観察した特徴と驚くほど一致していました。そして、この日米比較の結果から、日本人とアメリカ人のコミュニケーション・スタイルが非常に異なり、２つの文化を隔てる距離が大きいということがわかるのです。

　コミュニケーション・スタイルは、幼い頃から体験を通して成長の過程で身につけた、その社会を生き抜くために必要なスキルです。日本人が、「遠慮深く、形式的で、あいまいな言葉で話し、自己主張をせず、黙りがちで、用心深い」のは、それが、日本の社会が求める大人のコミュニケーション・スタイルの特徴だからです。そしてここにも、目に見えない日本の文化的価値観が反映されているのです。そして、アメリカ人のコミュニケーション・スタイルについても同様のことがいえます。

　このように、積極的に自己主張し議論することを得意とするアメリカ人と、控えめで自己主張することを避け、非言語メッセージを駆使したコミュニケーションをとる日本人とでは、コミュニケーション・スタイルが対照的で、ほとんど正反対ともいえるほどです。しかし、その違いはどこから来るのでしょうか。

　バーンランド（1975）は、日本とアメリカの違いについて、国の成り立ちや政治・文化・社会面から、このように述べています。

　　日本は天然資源が少なく、周期的に天災に見舞われる小さな島国だ。そして、人口密度が高く、文化的な同質性も高い。それに対し、アメリカは、国土が広大で、天然資源に恵まれている。そして、民族も宗教も国籍も異なる移民からなる国だ。日本人は人間関係に重きをおき、コミュニケーションも控えめで、儀礼を行ない、調和を大切にする国民だ。しかし、アメリカ人は、個を重視するので、自己主張や議論にたけている。日本とアメリカは、特にコミュニケーション・スタイルに関しては、ほとんど正反対の傾向がある。

　このように日本とアメリカは、国土や社会の成り立ち、宗教などに対する考え方にも大きな違いがみられ、これらすべてが、それぞれのコミュニケーション・スタイルに大きく影響しているのです。それでは、なぜ、どのようにして日本人は消極的で自己主張をしないコミュニケーション・スタイルを身につけ

てきたのでしょう。また、アメリカ人をはじめとする欧米人は、なぜ、どうやって議論好きで、自己主張をするコミュニケーション・スタイルを習得したのでしょう。その理由を探っていきましょう。

2．文化とはコミュニケーションである

アメリカの文化人類学者のエドワード・T・ホール（Edward T. Hall; 1914-2009）は、「文化とはコミュニケーションであり、コミュニケーションは文化である」と提唱し、文化の概念にコミュニケーションを取り入れた初めての学者として知られています。またホールは、コミュニケーションの体系としての文化説を唱える中で、それまで見落とされていた「非言語コミュニケーション」の重要性に言及し、
新しく異文化コミュニケーションの分野を切り開いたことでも知られています。

ホールは、それまで主に言葉で伝達されるとされていた情報について、ある特定の文化では、情報の多くが言葉ではなく非言語メッセージで伝達されていることに注目しました。そして、この情報収集の仕方が文化によって異なる点に着目して、世界の文化を2つに分けました。一つは、情報収集はすべて言葉で行ない、言葉でのコミュニケーションを重視する文化です。そして、もう一つは、言葉はあまり使わず、言葉以外の非言語メッセージに重きをおく文化です。

3．日本人のコミュニケーション・スタイル

ホールによると、日本は情報収集の際、言葉よりも非言語コミュニケーションに重きをおく世界でも数少ない文化なのだそうです。先ほどの やってみよう でも明らかなように、多くの日本人は、言葉でのコミュニケーション・スタイルは受け身で消極的です。そして、直接的な言葉の代わりに、視線や顔の表情、声のトーン、しぐさなどの非言語メッセージをたくさん使ってコミュニケーションします。

たとえば、会話の間、ほとんど無意識に首を縦に振って「あいづち」を打ちます。また、質問されてわからない時に、「わかりません」と言うのではなく、黙ったまま首をちょっとかしげたり、視線をそらせたり、困った表情をしたり、頭をかいたりなど、さまざまな非言語のメッセージを発して、「わからない」と

いうことを相手に理解してもらおうとします。

　またふだんのコミュニケーションでも、言葉の行間になにかほかの意味があるのではないかと推測しようとします。つまり、言われた言葉をそのまま受け止めるのではなく、「本当にそのような意味で言っているのだろうか」「本当に言いたいことは何なのだろう」と、その人の顔の表情や声のトーン、視線などの非言語メッセージにも注意を払って、言葉で語られなかった部分の意味を解釈しようとするのです。いわゆる「空気を読む」コミュニケーションです。

　日本人の「空気を読む」コミュニケーションを可能にしているもの、それは、日本人のコンテクストです。コンテクストは、目に見えない空気のようなものですが、空気がなければ人間が生きていけないように、コンテクストがなければコミュニケーションは成り立たないのです。なぜなら、コミュニケーションの重要な部分は、コンテクストであってメッセージそのものではないからです。同じメッセージでもコンテクストが異なれば、異なる意味に解釈されるのです。

　たとえば、「バカ」という言葉も、どんな場所で、どんな人間関係の人が、どのような状況で、何について発した言葉なのかによって、意味は全く違ったものになります。他人に迷惑をかけた息子に父親が怒って言った言葉なのか、路上でお酒を飲んでふざけ合っている若者たちを見て道行く人が思った言葉なのか、仲のよい恋人どうしで「僕のことが本当に好きなの？」とふざけて聞いた彼氏に、彼女がやさしく言った「ばーか」なのか、それぞれの意味は全く異なります。皆さんは、このコンテクストが異なる３つの「バカ」という言葉がそれぞれどのような意味なのか、すぐ理解できるでしょう。

４．高文脈文化と低文脈文化

　ホールが提唱した２つの文化のうち、コミュニケーションが起きている「場」のようなコンテクストに大きく依存し、そこに多くの意味を見いだそうとする文化を、「高文脈文化(High-Context Culture)」といいます。高文脈文化では、人々はコンテクストに敏感で、コンテクストの中にあるたくさんの情報から何をどう意味づけしたらよいのかを体験を通して習得していきます。高文脈文化では、コンテクストを読むことで情報は共有されているので、なにもかも言葉で伝える必要はないのです。日本はこの高文脈文化にあてはまります。

　それに対し、高度に発展したコンテクストには依存せず、コミュニケーショ

ンはすべて明確に表現された「言葉」で行なう文化を、「低文脈文化(Low-Context Culture)」といいます。アメリカは低文脈文化にあたります。言葉にされないコンテクストよりも、実際に話される言葉が重視されるので、低文脈文化のコンテクストは高文脈文化のコンテクストに比べると未発達です。また比較的均質的な日本とは異なり、国内に多様な民族がいるアメリカでは、民族の数だけの異なる文化コンテクストが存在することになります。そのため、たった1つのコンテクストにたよることがむずかしいのです。ですから、低文脈文化の人はコミュニケーションの際、目に見えない不確実なコンテクストにたよろうとせず、明確にたよれる「言葉」だけを求めるのです。

　コミュニケーションをする時、高文脈文化の人は巨大なパラボラアンテナを使って情報をキャッチしていると仮定してみましょう。大きなパラボラアンテナは、コミュニケーションをしている相手との人間関係、それまでの歴史、仕事、家族、年齢差、立場、役割、話している場所、最近の共通の出来事など、あらゆる情報を受信しながら、多くを言葉で表わさなくてもよいコミュニケーションをしています。

　ところが、低文脈文化の人のパラボラアンテナはとても小さくて、探しているのは言葉だけなので、当然ですが、言葉しかキャッチできないのです。低文脈文化の人どうしのコミュニケーションでは求めるものが同じく言葉なので、大量の言葉を交換し合ってスムーズなコミュニケーションが行なわれます。と

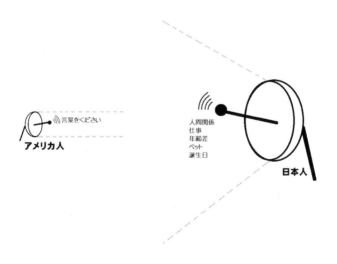

ころが、高文脈文化の人と低文脈文化の人が話をすると、言葉での情報がたくさん欲しい低文脈文化の人は、高文脈文化の人からの情報が少ないことを不満に思います。また、高文脈文化の人は、当然わかっているコンテクストをなぜ今さら言葉で説明しなければならないのかと、相手に対して不満を抱くことになります。

5．日本人の情報収集の仕方

　言葉を重視する低文脈文化の人は、言葉を使って情報収集しているので、どのように情報収集しているのかがとてもわかりやすいのですが、それでは言葉よりも非言語メッセージでコミュニケーションを行なう日本人は、どうやって情報収集をしているのでしょうか。「空気を読む」「行間を読む」とは、いったい何を読んでいるのでしょうか。日本人は目に見えないコンテクストから、いったい何をどのようにして情報収集しているのでしょう。

　アルバイトの初日や、インターンで初めて会社に行った時など、何もわからない環境の中で、皆さんはどうやって仕事を覚えていくのでしょうか。体験談も含めて、グループで話し合ってみましょう。

　いかがでしたか。こんな意見が多かったのではないでしょうか。「まわりの人がやっていることを見て覚える」「見よう見まねでやってみる」。不思議なことに、多くの日本人がすぐにこう答えるのです。「見て学ぶ、見て覚える」のは日本人にとってあまりにもあたりまえのことで、なんら特別なことではありません。多くの日本人がこのように同じように考えるのは、日本の文化なのです。そして、この答えからわかるように、日本人の情報収集は「目」で見ることで行なっています。しかし、このような情報収集ができるのは、日本の文化に生まれ育っているからなのです。

　もし、アルバイトの初日に、職場の先輩に向かって「今日からアルバイトする○○です。私が担当する仕事を全部、一つずつ丁寧に説明していただけますか」

などと言ったら、おそらく「つべこべ言わずに、黙ってまわりがやっていることを見て覚えなさい！」と怒られてしまうかもしれません。日本では、情報は言葉で説明してもらうのではなく、自分でしっかり見て体験して覚えるものなのです。

　日本人は、コミュニケーションが起きている現場（どんな状況で、どのような人間関係の人が、どんな立場で、どのような言動をしているのか）を「目」で見て観察し、自分の立場も考慮しながら、相手のコミュニケーション行動の意味を推測することで情報収集しているのです。

　「空気を読む」というのは、その場の雰囲気を自分の五感を使って感じ取ることとです。そして、「顔色をうかがう」というのも、言葉を聞くだけでなく、その場には誰がいて、どんな人間関係の中で起きている出来事なのか、そして話している相手の表情や声のトーンはどうかなどを目でよく見て観察し、相手の意図を推測することまで含めたコミュニケーションをすることなのです。

　「目」で見て情報収集するやり方は、子供の頃からの訓練と体験によって学んできたものです。幼い頃、いたずらをしたり言うことをきかなかったりした時に、まわりの大人たちから、「みんなが見てるよ」「みんなに笑われるよ」「みんなにおかしいと思われるよ」と言われたことはありませんか。そして、いつの間にか、いつも「見られている自分」を意識するようになり、それが知らないうちに自分のコミュニケーション行動をコントロールする基準になっていくのです。

　筆者が通うスポーツジムには、「みんなが見てるよ」という意味を表わす「目」のイラストがたくさん貼ってあります。プールから上がってきて水着を脱水する脱水機の前に、「水着以外のものは、脱水しないでください」という貼り紙があり、その上に、大きな「目」のイラストの下に「みんな見てるよ」と書かれた貼り紙があります。しかし、この「目」の注意書きが効力を発揮するのは日本人にだけで、日本にいる外国人には意味が伝わらないでしょう。

　私たちが人前で話す時に「まわりの目が気になる」のは、説明してきたように、日本人はふだんから自分の「目」をたよりに情報収集をしているので、人前に立って話をする時は自分が情報収集の的になるため、急に「見られている自分」に意識が向いてしまうからなのです。

6. 日本人の人間関係
　日本人の非言語コミュニケーションを可能にしているのは、コンテクストが高い情報網で結ばれる人間関係があるからです。

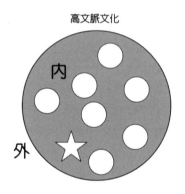

高文脈文化

　上の図のように、日本人は日常生活において意識していなくても、心の中に「内」と「外」の境界線を引いています。そして、円の内側にあたる「内」の人間関係と、円の外側の「外」の人間関係を、はっきりと区別しています。「内」では、親しく緊密な人間関係が成り立っていて、「内」に属していることがとても大切なのです。

　その「内」に属する人はみんなが同じ形をしていて、グループの「和」を乱さないように、調和のとれた人間関係を築こうとします。ですから、図のように、形の違う人（星形）がいると調和が崩れてしまいます。すると、まわりの心やさしい人が、形が違うことでグループ全体の和が乱れないように、星形の人をなんとか、自分たちが正しいと思っている円形にしてあげようとします。いろいろな方法がありますが、注意をしてやさしく教えてあげたり、時にはいじめたりしながら、同じ形に直してあげようとするのです。同じグループ内では同質性が高いので、異質であることは双方にとって居ごこちが悪く、そのため形が

違うものはグループからはずされてしまう危険性があるのです。

　そして、「内」では親密な人間関係を通してお互いをよく理解し情報が共有されているので、コンテクストを説明する必要がありません。言わなくてもわかるコミュニケーションなのです。このように、人間関係の結びつきが強い高文脈文化内では、非言語のメッセージを読み取る直観のコミュニケーションの比重が高いのです。このような、日本人に特徴的なコミュニケーション・スタイルを、「感性のコミュニケーション」といいます。

感性のコミュニケーションの特徴

　感性のコミュニケーションには、以下のような特徴があります。

１．察する

　目で情報収集するので、察して「空気を読む」能力が求められます。また、相手が言葉に出さなくても「他人への気配り」ができる力も必要とされます。

２．あいまいな状況に身を置ける

　言われた言葉の意味がわからなくても、相手にはっきりとした言葉で質問するのは避けて、コンテクストを読もうとします。そして、意味がわからないままのあいまいな状況でも耐えられる能力があります。

３．まわりの人間関係を優先する

　多少自分を犠牲にしても、まわりの人との人間関係を大切にします。
　（例）部活の友人たちに飲み会に誘われました。明日までの課題があるので、「帰って課題をやりたいな」と思っていても、友人たちに悪いからと「ちょっとだけなら」と言って、飲み会に参加しました。

４．感情重視

　人間関係が大切なので、状況しだいでは原則に従わないことになっても、相手の気持ちを第一に考えて、相手を傷つけないように、「感情」で判断したり、行動したりすることがあります。

５．時と場合によって表現を変える

　いろいろな人間関係を考慮して「気配り」をするので、相手や自分の立場によって、本音と建前を使い分け、表現方法を変えます。

　日本人は、言葉を発することで人間関係を傷つけてしまうかもしれないという、「話すこと」への恐れを抱いています。そのため、言葉を使うことに慎重になって、明言を避けたあいまいな表現になるので、コンテクストを読むことでコミュニケーションをしようとするのです。

　日本社会を生きる知恵である日本のことわざには、「口は災いのもと」「目は口ほどに物を言う」「言わぬが花」「沈黙は金」「一を聞いて十を知る」「以心伝心」「障子に目あり、壁に耳あり」「人の振り見て我が振り直せ」「能ある鷹は爪を隠す」「出る杭は打たれる」などがありますが、どれも言葉で話すことを戒め、「目」での情報収集を勧めているものがほとんどです。そして、これらのことわざの精神が表われているのが、次のような光景です。

大学の授業でよく見る光景
　教員：「この答えはわかりましたか。わかった人は答えてください」
　学生：「……」
　教員：「誰でも、自由に答えていいですよ」
　学生：「……」

　（「能ある鷹は爪を隠す」「出る杭は打たれる」：答えはわかっているけど、自分が言って目立ちたくない。みんなが見ているから）

　教員：「それじゃ、今日の授業について質問はありませんか」
　学生：「……」
　教員：「どんなことでもいいですよ。質問でなくてコメントでもいいです。誰か、何かありませんか」
　学生：「……」

　（「出る杭は打たれる」「言わぬが花」：質問はあるけど、みんなの前で話すのはいやだ。みんなが見ているから）」

会議でよく見る光景
　議長：「それでは、この案件は賛成多数で決定ということでいいでしょうか」
　委員：「……」（あいづち）
　議長：「それでは、これは賛成ということでよろしいですね」
　委員：「……」（あいづち）

議長：「はい、それでは、この件はご賛成いただいたということで、決定さ
せていただきます。ありがとうございました」
　（「長い物には巻かれろ」／「以心伝心」：ここで異議を唱えたところで、受け入
　れてはもらえないだろうから、おとなしく黙っていたほうがいいよね。／いち
　いち言葉にしなくても、こうしてにこにこしてうなずいているんだから「反対
　していない」ことはわかるでしょ）

　このように、高文脈文化では、言葉がないことが同意を表わすことがよくあ
ります。

7．英語圏の人間関係

　言葉を重視する低文脈文化の人たちの人間関係をみてみましょう。
　まず、高文脈文化と大きく異なるのは、それぞれの形です。日本人の人間関
係では同質性が好まれ、みんな同じ円形でした。「Aさんも、Bさんも、Cさん
もみんな同じ、同じ仲間」という考え方です。それに対し、アメリカ人の人間
関係は、下の図が示すように、誰ひとりとして同じ形をしている人はいません。
星形、ハート形、四角、三角など、みんな異なる形をしています。これが、個
人主義の社会の基本的な状態です。ひとりひとりがみんな異なる個人であると
いうことが前提になっているのです。
　そして日本のように、人間関係に「内」「外」の境界線はありません。以前、
アメリカの友人に人間関係で内と外の境界線はどこにあるのか聞いてみたこと
があります。その時のやりとりがこんな感じでした。

低文脈文化

友人：「内、外っていう境界線なんてないし、そんなふうに考えたこともな
　　　いよ」

私：「でも、人間関係になにか境界線のようなものは本当にないの？」

友人：「そこまで言うのなら、自分の皮膚の中が「内」、皮膚の外が「外」か
　　　な」

私：「それってどういうこと？」

友人：「どういうことって…「自分が世界の中心だ (I am the center of
　　　the world.)」っていうこと。まず、個人としての自分があるの」

「自分は世界の中心である」という考え方は、多くの場合 個人よりまわりの
人間関係を大切にしている日本人の考え方と大きく違います。アメリカ人は、「ま
ずは自分という個人の存在がある」という考え方が基本です。そして、アメリ
カのように個人主義が徹底している国では、「個人の自由」が憲法で保障されて
います。日本で「個人の自由」というと、「他人の迷惑を考えずに好き勝手をす
る」とか、「誰にも干渉されずにひとりで好きなことができる」のように否定的
な解釈をしている人がいるようですが、それは違います。「個人の自由」とは、
ほかの誰とも異なる個人が、自分自身の意見を自由に述べる権利が保障されて
いて、またその義務があるということです。そして、自分が言った言葉には必
ず責任を持つのです。それだけ、言葉が大切にされているのです。自分の意見
を持たない人は知的能力が低いとみなされるため、アメリカでは幼い頃から社
会を生き抜く大事なスキルとして話すことの訓練が行なわれるのです。

　このようにアメリカでは、自分の意見を述べることが、ほかの誰とも違う自
分自身を証明することになるのです。そして、自分と異なるほかの人の意見も
聞き、議論し合い、よりよい解決策を見いだすことで、お互いを高めていくの
です。ですから、議論をすることなく、アメリカの社会でよりよい人間関係を
築くのはむずかしいのです。このように、相手との議論を通して問題解決にあ
たるアメリカ人のコミュニケーション・スタイルは、「説得のコミュニケーショ
ン」なのです。

説得のコミュニケーションの特徴

　説得のコミュニケーションには、以下のような特徴があります。

1. 言語でのコミュニケーション重視

言葉で言われなければわからない、言語重視のコミュニケーションです。言葉は説得するためにあるのです。

2. 言葉によるコンテクストの詳細な説明が必要

日本人のように行間を読んだりしないので、すべて言葉で細かく説明し、不明確な部分がない情報にする必要があります。

3. 集団より個人が尊ばれる

149ページの図のように、誰とも異なる個人としての自覚を幼い頃から学ぶアメリカ人は、他者優先ではなく、必ず自分を核に人間関係を築いていきます。アメリカ人の「自分が世界の中心だ」という、自分を優先する考え方は、幼い頃から文化のルールとして身についているのです。だからといって、ほかの人のことを考えないというわけではありません。

4. 論理性重視

日本人のように集団の一員としてではなく、自分が異なる個人として存在するためには、確固たる個人を表現できるコミュニケーション能力が必要です。議論で相手を説得するには、理論に裏打ちされたしっかりとしたイデオロギーを持っていること、そしてそれを客観的かつ論理的に表現できるコミュニケーション・スキルが必要なのです。

5. 常に自分自身であることを忘れない

個人優先の社会なので、いつでもどこでも揺るがない自分自身であること、そして誰に対しても、いいものはいい、だめなものはだめと自分の意見を表現することができ、またそれが求められます。よりよい人間関係を築くためにも、お互いの権利を尊重し、相手や自分の立場、年齢差などに左右されずに、率直に論じ合うことが大切です。

このようにみてくると、日本人とアメリカ人は、コミュニケーションのとらえ方から表現方法まで、大きく違うことがわかります。自国の文化はあたりまえで、自分の体の一部になっているので、異なる文化背景の人とコミュニケーションをすると、同じ文化の人とでは起きることのない誤解がたくさん起きる

のです。

　たとえば、低文脈文化では情報の大半が言語化されていて、非言語メッセージは情報としてはとらえられません。アメリカ人は、小さなパラボラアンテナで、言葉だけをキャッチしようとしていましたよね（143 ページ参照）。ですから、日本人が大きなパラボラアンテナで非言語メッセージをたくさん投げかけても、言葉だけを受信するアメリカ人には、日本人の非言語メッセージが読み取れないのです。

　コミュニケーション・スタイルの違いは、授業の受け方にも表われています。アメリカの大学では、授業の中心は議論です。日本のように、学生が講義を聞いてノートをとり、わからないことがあってもあまり質問しない授業の受け方とは大きく違っています。

　日本の大学で、英語の授業中にネイティブの先生がよく、「君の意見は？（What is your opinion?）」と質問することがあります。英語の授業では、ほかの誰とも異なる自分だけの意見を述べることが、授業に参加していることになるので、必ず自分の意見を述べなければなりません。

　そしてもし質問がわからなければ、「先生、意味がわかりません。（I don't understand what you said.）」などと言えばよいのに、てれ笑いをしたり、首をかしげたり、視線をそらしたりして、いつまで経っても言葉で返答しません。「首をかしげる」「視線をそらす」などの行動が、日本人にとっては「わかりません」の意思表示であることが理解できないので、英語の先生は日本人学生にどう対処してよいのかわからず、困ってしまいます。心の中では、「なぜ、「わかりません」の一言が言えないのだろう」と不思議に思っているはずです。

　私たちがこれだけ多くの異文化の壁を乗り越えるには、言葉以上に、相手の文化やその文化に根ざした考え方やコミュニケーション・スタイルを理解することが必要です。外国語を学ぶだけでは足りません。目指すは、「バイリンガル（bilingual）：２つの言語を駆使できる人」ではなく、「バイカルチュラル（bi-cultural）：２つの文化を理解できる人」です。ホールが言うように、文化はコミュニケーションであり、コミュニケーションは文化なのですから、多様化が進むグローバル社会を共に生きていくには、文化について学ぶことが必須です。

高文脈と低文脈の話し方の違い

　以下は、夏休みが終わって、秋学期初日の授業での日本人学生の自己紹介の例です。

高文脈の自己紹介

　「私は●●学部1年の○×□△です。初めまして。昨年は受験で大変でしたが、今年は楽しく充実した夏休みを過ごすことができました。部活の合宿にも行きましたし、バイトもしました。今年の夏休みは、本当に楽しかったです。それでは、今学期よろしくお願いいたします」。

低文脈の自己紹介

　「私は●●学部1年の○×□△です。初めまして。昨年は受験で大変でしたが、今年は楽しく充実した夏休みを過ごすことができました。夏休みの思い出として心に残る2つの体験をしました。

　一つは、所属しているテニス部の夏合宿に行ったことです。8月1日から5日まで、毎年合宿で利用している河口湖の◎○◇ペンションに泊まりました。参加者は私たち1年生が14人、2年生が10人、3年生が10人、忙しい4年生の先輩も6人参加してくれて、総勢40名での夏合宿でした。

　お天気にも恵まれて、ペンションもきれいで、お食事もおいしくて、本当に有意義な合宿になりました。5日間毎日、早朝練習から始めて、午後も練習がありました。夜はみんなで食事をしたあと、毎日違うグループに分かれていろんなことを話しました。翌朝早くから練習があるにもかかわらず、結構遅くまでおしゃべりしてました。

　テニスがじょうずになっただけでなく、寝食を共にすることで、部活の仲間とますます親しくなれたので、大学生になって初めての本当にすばらしい合宿体験になりました。

　2つ目の体験はアルバイトです。アルバイトは、▲▲駅から歩いて3分のハンバーガーショップで、合宿から帰ってきてから9月前半までの6週間、月曜日から木曜日までの週4日、朝9時から4時までと、12時から7時までのシフトで働きました。時給は1000円でした。本格的なアルバイトは

初めてで、最初は仕事を覚えるのが大変でしたが、先輩たちがやさしく教えてくれて、サポートもしてくれたので、本当に楽しく働くことができました。このアルバイト期間で15万近いアルバイト料が入りました。これは、来年の春休みに予定しているアジア旅行用に貯金をしたいと思います。

　それでは、皆さん、今学期、どうぞ、よろしくお願いいたします」。

　このように、行間を読んでもらいたい高文脈文化の人の話し方と、詳細にコンテクストを説明する低文脈文化の人の話し方では、内容的にこんなに違いがあるのです。ですから、英語で話す時やレポートを書く時には、コンテクストを詳細に紹介するよう心がけましょう。

日本人のしつけの言葉

　私たち日本人は目で見ることで情報収集をするので、自分自身がまわりの人から「見られている存在」であることを幼い頃からたたき込まれてきました。あなたは子供の頃、言うことを聞かなくて怒られた時、兄弟げんかをして泣いた時、デパートのおもちゃ売り場でおもちゃを買ってほしいとだだをこねた時、こんなふうに言われたことはありませんか？

　「そんなことしたら、おかしいでしょ」
　「そんなに泣いたら、恥ずかしいでしょ」
　「みんな見てるわよ」
　「みんなに笑われるわよ」

　このようなしつけの言葉は、日本人は誰もがあたりまえのように使っています。そしてこのような言葉で母親や先生にしつけられた子供は、大人になって自分の子供をしつける時に「みんなが見てるわよ」「笑われるよ」と言うのです。このように、「文化は意識されず、世代から世代へと受け継がれるもの」なので、日本人のこのしつけ方は、どんなに時代が変わっても受け継がれてしまうのです。

　私がアメリカ留学していた時に、アメリカ人の友人の4歳の男の子のベビーシッターを頼まれたことがありました。頼まれたのは午後の3、4時間の短い間でしたが、その男の子はやんちゃで、遊んだあとの片付けをするように言っても、全く言うことを聞いてくれませんでした。そろそろ友人が戻ってくる時間なのに、部屋はおもちゃで散らかったまま。それどころか、その子はさらにおもちゃを散らかしているのです。あまりのいたずらぶりに、私もつい、つたない英語でその子に言いました。

　私：「そんなことしていたら、みんなに笑われるわよ」
　男の子：「So What！（だから何だっていうの）。僕がやりたいことをするのと、ほかの人が笑うことには、どんな関係があるの？　別にほかの人が笑おうと何しようと僕には関係ないでしょう」

私：……（唖然）

　たった４歳の男の子でも、アメリカ人は、言葉で論理的に反論してくることに驚きましたが、それよりも、彼の言うことは確かに理にかなっているなぁと妙に感心してしまいました。「誰かが笑おうとどうしようと自分には関係ない」といえば確かにそのとおりです。そして　その時、日本人には当然で疑問にも思わなかった「笑われるよ」という言葉が、日本の文化にだけ通用するしつけの仕方で、文化背景の異なるアメリカでは、全くしつけの言葉としては効力がないということもわかりました。と同時に、なぜ日本人は、「笑われるよ」とか「見られてるよ」と言われて、言うことを聞くのだろうかという疑問がわいてきました。あなたはどう思いますか。

第14章　公的自己と私的自己

　前章では、日本人のコミュニケーション・スタイルについて、アメリカ人と比較しながらみてきました。この章では、私たちがコミュニケーションをする時に取り上げる「話題」に焦点をあててみていきます。好まれる話題や好まれない話題にはどんなものがあり、話す相手にはどのような人間関係の人を選んでいるのか、また、その話題についてどのくらい深く自分の意見を話しているのか、そして触れたくない話題になった時にはどのようなコミュニケーション・スタイルをとるのかについてみていきましょう。

1．話す話題について

やってみよう

　ここ 2 週間のあなたのコミュニケーション行動について答えてください。質問票(158-159 ページ)の 30 個の話題について実際に話をしましたか。そして、それぞれの話題は「公的自己」と「私的自己」のどちらにあたるのか、チェックしてください。

　「私的自己」がいくつあったかが点数になります。160 ページの同心円で、自分の点数の円をペンで囲ってください。円は内側から外側に向かって数えます。中央の円が 1 点、いちばん外の円が 30 点です。円の大きさが、あなたの私的自己の大きさになります。

　私的自己の円を完成させたら、5、6 人のグループになって、円の大きさを見比べてみましょう。そして、以下について話し合ってください。
1．円が大きい人どうしでは、どんな話題について、どこまで深く話すでしょう。
2．円が小さい人どうしでは、どんな話題について、どこまで深く話すでしょう。
3．円が大きい人と円が小さい人が会話をすると、どんな問題が起きるでしょうか。それぞれの立場から、相手に対して思うことを話し合ってみましょう。

質問票

私的自己 (Private Self) この話題については、誰とも話さなかったか、ごく限られた親しい人とだけ話した

公的自己 (Public Self) この話題については、親友ではない友人や知り合い、知らない人とも話し合った

態度・意見	公的自己	私的自己
① 自分自身の宗教についての個人的見解	———	———
② 政治についての個人的見解	———	———
③ 人種問題についての個人的見解	———	———
④ 性の倫理についての個人的見解	———	———
⑤ 人間はこうあるべきだと思っていること	———	———

興味・趣向		
⑥ 好きな食べ物 / 嫌いな食べ物	———	———
⑦ 好きな音楽 / 嫌いな音楽	———	———
⑧ 好きな読み物	———	———
⑨ どういう映画やテレビ番組がいちばん好きか	———	———
⑩ どういうパーティーや懇親会がいちばん好きか / 退屈か	———	———

仕事・勉強		
⑪ 成功を妨げている自分の欠点は何だと思うか	———	———
⑫ 仕事をするうえで、自分の特別な強みは何だと思うか	———	———
⑬ 仕事における自分の目標と野望	———	———
⑭ 自分の職業についてどう感じているか、満足しているか	———	———

⑮ 一緒に働いている人たちについて本当はどう思っているか

——————　　——————

金銭問題

⑯ どのくらい稼いでいるのか　　——————　　——————

⑰ 借金があるかどうか、ある場合はいくらなのか

——————　　——————

⑱ 所有している総資産　　——————　　——————

⑲ 今現在、いちばん差し迫ってお金が必要なこと

——————　　——————

⑳ 家計の予算立てはどうしているか　　——————　　——————

性格

㉑ 自分の性格で嫌いなところ　　——————　　——————

㉒ 表現したりコントロールしたりするのがむずかしいのはどういう感情か

——————　　——————

㉓ 現在の性生活　　——————　　——————

㉔ 恥ずかしかったり、気がとがめたりすること　　——————　　——————

㉕ 自分を誇らしく思わせてくれること　　——————　　——————

身体

㉖ 自分の顔をどう思うか　　——————　　——————

㉗ どんなふうに見られたいか　　——————　　——————

㉘ 自分の体のパーツについてどう思うか　　——————　　——————

㉙ 今までにかかった病気と治療　　——————　　——————

㉚ 自分の性的能力についてどう思っているか　　——————　　——————

「私的自己」の数：（　　　　　　）

(Barnlund (1975: 21) より作成)

私的自己の大きさ

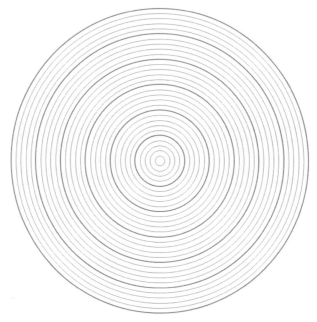

　いかがでしたか。この やってみよう で自分の私的自己がどのくらいの大きさなのかがわかったと思います。グループの人と比べてみて、どんなことに気がついたでしょうか。なにか共通点はありましたか。

　自分について話すことを「自己開示」といいますが、「私的自己」の大きさの比較でわかることは、点数が同じくらいだった人は、どこまで深く話すかという自己開示の度合いもコミュニケーション・スタイルも似ているので、コミュニケーションがはずみ、お互いを理解しやすいということです。

　ところが、点数が大きく違う人どうしが話すと、自己開示やコミュニケーションの仕方に違いがあるので、似たような点数の人どうしよりコミュニケーションがむずかしいかもしれません。自己開示の仕方が違うと、話してもいいと思っている話題や、話すべきではない、話したくないと思っている話題の領域が違うからです。

　たとえば、文化背景の異なる外国人との会話では、一人は「なぜこんな簡単

なことに答えてくれないのだろう。なにか隠しているのだろうか」と思うかも
しれないし、もう一人は答えたくないことを質問されて、「なぜ、こんなプライ
バシーを侵害するような質問をしてくるのだろう」と不快に思うかもしれません。
こういうことが起きるのは、「ここまでは話していい話題」「ここからはプライ
ベートな話題」と思っている境界線が、文化によって異なるからです。ある文
化で奨励されているコミュニケーション・スタイルや話題が、ほかの文化では
奨励されていないかもしれないのです。また、自分と異なるコミュニケーショ
ン・スタイルに出会った時に、自分の行動の指針になっている自文化のルール
を物差しにして相手を解釈しようとすることも、異なる文化を理解する妨げに
なってしまいます。

　目に見えない文化のルールは、私たちの話し方や会話の内容にも大きな影響
を与えます。ですが、異文化コミュニケーションでコミュニケーションをする
のは、文化と文化ではなく、その文化内の個人です。その個人の心の中をのぞ
いて、どんな文化ルールなのか見ることができればいいのですが、それは不可
能です。その代わりに、文化ルールに基づいてコミュニケーションをしている
その人のコミュニケーション行動を見るのです。コミュニケーション行動を見
ることによって、その人がどんなコミュニケーション・スタイルなのか、どん
な話題を好み、どんな話題を避け、どれほど深く自己開示するのかがわかります。

　ちなみに、答えたくない質問をされたり、攻撃されたと感じたりした時の対
応が日米で異なります。そのような場合 日本人は、自分から積極的に攻撃に出
たりせず、受け身のコミュニケーション・スタイルをとります。厄介で気まず
くなりそうな場合は、口をつぐんだり、あいまいな表現での受け答えにしたり
して、かかわり合いを減らそうとします。あくまでも事を荒立てない方法で自
分の身を守ろうとするのです。

　ところがアメリカ人は、積極的な防御策をとり、みずから攻撃的に出ること
を選択します。ふだんから自己開示をしていて、自己開示に抵抗が少ないので、
さらに情報を公開して相手に自分をもっとよく知ってもらおうとし、議論を戦
わせ、最後まで自分の意見を曲げません。相手を説得するまで、議論を続けます。
「説得のコミュニケーション」です。それが、相手とのよりよい関係を築き、自
己実現への第一歩だと考えるからです。

　それでは、ここで、人間の心の内面を図式化する「ジョハリの窓」をみてみ

ジョハリの窓

	自分が知っている	自分が知らない
他人が知っている	1 **オープンな部分** (Open Self)	2 **盲目な部分** (Blind Self)
他人が知らない	3 **隠された部分** (Hidden Self)	4 **未知の部分** (Unknown Self)

ましょう。これは、アメリカの心理学者ジョセフ・ルフト（Joseph Luft; 1916-2014）とハリー・インガム（Harry Ingham; 1916-95）が 1955 年に発表した「対人関係における気づきのグラフモデル」なのですが、のちに二人の名前を組み合わせて「ジョハリの窓」と呼ばれるようになりました。

「ジョハリの窓」では、人間の内面には「オープンな部分」と「隠された部分」だけでなく、「盲目な部分」や「未知の部分」もあるとされています。そして、コミュニケーション行動に表われる「オープンな部分」と「隠された部分」の自己開示をみることで、個人がどれだけ自己表現しているかを客観的に知ることができるのです。

ジョハリの窓の「1 オープンな部分」は、自分も他人も共通に知っている部分で、これが「公的自己」に当たります。「2 盲目な部分」は、他人は知っているのに自分は気づいていない部分です。「3 隠された部分」は、自分だけが知っていて他人には知られないようにしている部分で、「私的自己」に当たります。「4 未知の部分」は、あまりにも深い意識下にあり、自分自身でさえ知らない部分です。

オープンな部分が多い人

1 **オープンな部分**	2
3	4

隠された部分が多い人

1	2
3 **隠された部分**	4

　バーンランドは、日本人とアメリカ人は「相手に自己を表わす程度が異なる」と仮定しました。そして、この「ジョハリの窓」の２つの要素である「オープンな部分」と「隠された部分」に注目し、それぞれを「公的自己」「私的自己」という名称にして、日米の文化的相違点を探ろうとしました。そして、日米の学生を対象に「自己開示」と「身体接触度」の調査を行ない、次のような結果を得ました。

　日本人は「公的自己」の部分がアメリカ人より小さく、他人に知られないようにする「私的自己」の部分が大きいコミュニケーション・スタイルを好むこと。そして、日本人は、どんな話題についても、どんな相手に対しても、めったにごく普通の話として以上には話さないこと。さらに、多くの日本人が、誰に対しても自分のことを深く話さず、最も親しい人でさえも、自分の本当の気持ちや考えをあまり話し合わないということ。

　「私的自己」が大きいということは、日本人の控えめなコミュニケーション・スタイルからもわかるように、限られた人たちと、言葉は少なく非言語コミュニケーションを重視した、その場にふさわしい行動をとることを示しています。言葉ですべてをさらけ出すのではなく、空気を読んでしぐさで表現するのです。

　それに対しアメリカ人は、「公的自己」の部分が日本人よりはるかに大きく、「私的自己」の部分は日本人に比べると極端に少ないことがわかりました。つまり、アメリカ人は、自分を包み隠さず、多くの人と自発的にコミュニケーションを行ない、自己主張をするのです。相手に自分をよく知ってもらって、オープンなコミュニケーションをすることを好みます。時々ジョークもまじえながら、次から次へとできるだけ多くの言葉で自己開示をして、情報を分かち合おうとします。

　以前、ある大手企業で、日本人とアメリカ人のマネージャー対象の異文化研修をした時に、先ほどの やってみよう をやってもらったことがあります。日本人マネージャーの「私的自己」は 25 点から 30 点でしたが、アメリカ人のマネージャーは 5 点から 15 点という結果で、みごとに日米の差が出ました。コミュニケーションをする時に、「自分を隠さず話す」アメリカ人と「できるだけ自分をさらけ出さない」日本人との私的自己の差の大きさに、参加者全員が驚いたものです。そして、この差の大きさが、日本人とアメリカ人のコミュニケーション・スタイルの差にも反映されています。ちなみに、「公的自己」が大きいアメリカ人と、「私的自己」が大きい日本人を図で表わすと、このようになります。

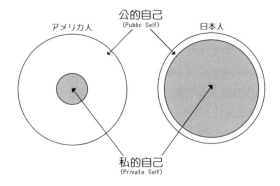

「私的自己」を小さくして何でも言葉でオープンにコミュニケーションすることを奨励する文化と、「私的自己」を大きくする分だけ非言語コミュニケーションを重視したコミュニケーションを奨励する文化とでは、その文化的価値観の違いがコミュニケーション行動にも反映されて、異なるコミュニケーション・スタイルが育ってきたのです。どちらが正しくて、どちらが間違っているというのではなく、ただそれぞれの文化が求めているコミュニケーション・スタイルが異なるということです。

２．話す相手と話題の領域について

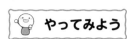 やってみよう

バーンランドが、158-159 ページの質問票の話題について日米の学生を対象に行なった調査では、166 ページのような結果が出ています。この調査結果について検討しましょう。

1. 最も自分を包み隠さず全面的に話をした時は、まっ黒に塗りつぶされています。この黒く塗られた部分について、日米で比較をしてみましょう。

 （1）日本人は、黒く塗られた部分は何個ありますか。

 （2）日本人はどういう話題を、誰と話しているでしょうか。

 （3）アメリカ人は、黒く塗られた部分は何個ありますか。

 （4）アメリカ人は、どういう話題を、誰と話しているでしょうか。

2．2番目に多く自分をさらけ出して話をした濃いグレーの部分に、マーカー
　で色を塗ってください。そして、このマーカーを塗った部分について、日米
　で比較をしてみましょう。
　　（1）日本人は、マーカーを塗った部分は、何個ありますか。
　　（2）日本人は、どういう話題を、誰と話しているでしょうか。
　　（3）アメリカ人は、マーカーを塗った部分は、何個ありますか。
　　（4）アメリカ人は、どういう話題を、誰と話しているでしょうか。
3．黒い部分とマーカーを塗った部分を見て、日米のコミュニケーションでの
　話題と話す相手について気づいたことを話し合ってみましょう。

　あなたはどんなことに気づきましたか。ちょっと見ただけでも、アメリカ人
の黒い部分とマーカーを塗った部分が、日本人とは比較にならないほど多いこ
とに気づいたと思います。日本人が「何でも全面的に話した」のは、お母さん
に食べ物の話、同性の友人に読書の話の2個しかないのに対して、アメリカ人は、
政治、宗教、社会基準に対する「意見」、「興味・趣向」「仕事・勉強」や「金銭
問題」「性格」までの話題で、黒い部分が 31 個もありました。これにマーカー
で塗った部分を足すと、日本人は 26 個増えますが、アメリカ人は 63 個増えて、
「黒」と「マーカー」の合計数は、日本人が 28 個なのに対して、アメリカ人は
94 個になります。
　つまり、アメリカ人は日本人よりはるかに多くの話題について、より多くの
人と話しているのです。そして、知らない人（初対面の人）や信頼していない人
への自己開示も、日本人よりはるかに多いことがわかります。そういえば、筆
者がアメリカの大学に留学していた時、キャンパスや道を歩いている時に、通
りすがりの見知らぬ人から挨拶されたり、気軽に声をかけられたりすることが
よくありました。これは、アメリカ人の公的自己の大きさからくるものだった
のです。
　またバーンランドは、自己開示の度合いをスコア方式でも調査し、ゼロが「こ
の話題については何も話していない」、100 が「普通に話した」、200 が「全面
的に詳しく話した」というスコアで答えてもらいました。スコアが 0 から 100
の間ならば自己開示は少なく、100 から 200 の間ならば自己開示が大きいこ
とになります。

話題・相手・非開示レベル

日本　　　　　　　　　　　　　　　　　　　　　　　　　　　　　　米国

相手						話題	相手					
知らない人	父親	母親	同性の友人	異性の友人	信頼していない知り合い		知らない人	父親	母親	同性の友人	異性の友人	信頼していない知り合い
						意見						
						① 宗教						
						② 共産主義						
						③ 統合						
						④ 性の基準						
						⑤ 社会基準						
						興味・趣向						
						⑥ 食べ物						
						⑦ 音楽						
						⑧ 読書						
						⑨ テレビ・映画						
						⑩ パーティー						
						仕事・勉強						
						⑪ ハンデ						
						⑫ アセット						
						⑬ 野望						
						⑭ 職業選択						
						⑮ 交流						
						金銭						
						⑯ 収入						
						⑰ 借金						
						⑱ 貯蓄						
						⑲ 必要						
						⑳ 予算						
						性格						
						㉑ ハンデ						
						㉒ 自制						
						㉓ 性生活						
						㉔ 罪・恥						
						㉕ プライド						
						身体						
						㉖ 顔に対する感情						
						㉗ 理想の外見						
						㉘ 体の能力						
						㉙ 病気						
						㉚ 性的な能力						

凡例：　0-50　　51-100　　101-150　　151-200　　201-250

(Barnlund (1975：88) より作成)

166

相手別自己開示の平均

	日本人	アメリカ人
すべての相手に対しての自己開示の平均（すべての話題）	75	112
親しい相手に対しての自己開示の平均（すべての話題）	100	144
特定の相手に対しての自己開示の平均		
親友（同性）	122	157
恋人（異性）	103	153
母親	100	138
父親	75	126
知らない人	27	58
信頼していない知り合い	22	38

　日本人の場合は、全話題についてのすべての相手に対する平均は 75 で、親しい相手に対する平均は 100 でした。アメリカ人の場合は、すべての人に対する平均は 112 で、親しい相手に対する平均は 144 でした。この結果、日本人は親しい友人や自分の親に対しても普通に話す程度で、あまり自己開示しないのに対し、アメリカ人は、知らない人や信頼していない人も含めたすべての相手に、日本人が親しい人と話すよりも深く自己開示しているということがわかりました。

　父親と母親についてみてみましょう。日本人は、母親が 100 で父親が 75 でした。アメリカ人は、母親が 138 で父親が 126 でした。100 以上のスコアは自己開示度が高いので、アメリカ人は父親にも母親にも深く自己開示していることになります。ところが日本人の父親（75）は、母親（100）や親友（122）や恋人（103）よりもスコアが少ないことからわかるように、話し合うことの少ない孤立した存在になっています。

　日米の文化が出会った時に好む話題は、日本人もアメリカ人も「興味・趣向」で、次が「仕事・勉強」、そしてその次が「政治や社会基準」でした。そして、最も避けるのは、「性」や「体」に関する話題や、「恥ずかしかったり、気がとがめたりすること」などで、話題の適切／不適切の順位は日米で同じでした。しかし、あまり適切ではないと思っている「性」に関する話題でもアメリカ人は、日本人がかなり自己開示している「興味・趣向」と同じくらい自己開示してい

るのです。

　日本が「自己表現」することを制限し「抑制された自己」を好ましいとする文化なのに対し、アメリカは「自己表現」することが奨励され「抑制されない自己」が評価される文化です。日本とアメリカの自己開示度が示すように、日本の社会は、言葉で自分を表現することをあまり高く評価しないため、「私的自己」が大きいコミュニケーション・スタイルが好まれ、感性のコミュニケーションが称賛されるのです。一方、アメリカでは、言葉で話すことが個人の能力として高く評価されるだけでなく、社会人として欠くことのできない能力であるとみられているため、どんな話題に対しても、どんな相手に対しても、大きな「公的自己」でコミュニケーションをするのです。

　「公的自己」が大きいアメリカ人と「私的自己」が大きい日本人が出会った時のお互いに対する不満について、コンドン（1983）は次の表のように述べています。

日本人とアメリカ人 それぞれの不平不満

アメリカ人って…	日本人って…
アメリカ人はしゃべりすぎ。	日本人はあまりにも丁寧で用心深いので、いったい何を考えているのかわからない。
アメリカ人は人の話に割り込んでくるだけでなく、その話を終わらせようとさえする。	日本人はあいまいな言葉やいろんな意味にとれる表現をするので、どういう立場なのかがわかりにくい。
アメリカ人は人の話をちゃんと聞かない。（何が言われるのか最後まで聞かずに、やたらと質問したり、自分の意見を言おうとしたりしすぎるようだ）	日本人は体制順応主義者だ。それが価値あるものであっても、自分個人の意見を主張するのを恐れているようだ。
アメリカ人は言われなければ、わからないと思っているようだ。	日本人は、あれやこれやに延々とありがとうや感謝の言葉を述べる。
アメリカ人は、質問をしたり、意見を言ったり、からかったりするのが露骨すぎる。	日本人はいつでも謝ってばかりいる、時には謝る必要がない時でさえ。

アメリカ人は、ありがとうや感謝の言葉が足りない。	日本人はいつでもこの行動やあの行動の意味をしっかりと考えてから、あたかもすべてがある大きな日本の仕組みにあてはまっているかのように行動しているみたいだ。
アメリカ人は自分の間違いや限界を認めたがらない。だから、相手への礼儀だとしても、めったに謝らない。	日本人は、意思決定が遅すぎるので悪名高い。
アメリカ人の経営者や重役はグループやチーム全体よりも個人に注目する。	日本人は謙虚であるにもかかわらず、すごく自文化中心的になることがある。「あなたは日本人じゃないから、わからないんでしょ」と言う時がそうだ。
アメリカ人は、日本での形式的な行為の重要性をわかっていないことがある。	日本人は、模倣好きで、流行かぶれで、相手の地位に受ける印象が強すぎる。
アメリカ人は時間意識が高すぎる。	日本人は堅苦しすぎる。日本人男性がのびのびしているのは、お酒を飲んでいる時だけのようだ。

(Condon 1983 より作成)

　この日本人とアメリカ人のそれぞれに対する不平不満は、自文化のルールから相手を見ていることが原因です。文化的価値観が異なっていることに思いが至らず、目の前の相手「個人」に対する不平不満になってしまうのです。

　文化背景の異なる人に出会った時、言語の違いにすぐ気がつくように、文化的価値観や考え方の違いにもすぐ気づけるとよいのですが、それはむずかしいことです。お互いの目に見えるものは、言語とコミュニケーション行動の違いだけで、相手の心の中にある文化のルールは見えないからです。そのため、コミュニケーションを通して意味づけする時に、自文化のルールをもとに異なる文化の相手のことを判断することになるので、どうしても誤解が起きてしまうのです。私たちは、自分たちが身につけてきた自文化のフィルターをかけてしか相手を見ることができないのです。

3. 身体接触の違い

それでは今度は、公的自己と私的自己が異なる文化における身体接触の違いについてみていきましょう。

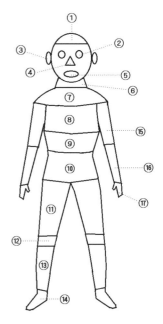

😊 やってみよう

1. 私たちは日常生活で、まわりの人たちとどのくらい身体接触があるでしょうか。次の4人（父親、母親、親しい同性の友人、いちばん親しい異性の友人）について、あなたがふだんの生活で触れる部分について、それぞれの度合いを記入してください。人体図には、それぞれの体の部分に番号がふってあるので、その番号と照らし合わせて答えてください。

身体接触

部位	相手			
	恋人（異性）	親友（同性）	母親	父親
① 頭				
② 目				
③ 耳				
④ 鼻				
⑤ 口				
⑥ 首				
⑦ 肩				
⑧ 胸				
⑨ お腹				
⑩ 下腹部				
⑪ もも				
⑫ ひざ				
⑬ すね				
⑭ 足				
⑮ 上腕				
⑯ 前腕				
⑰ 手				

☐ 0-25%（ほとんど触れないか、触れるとしてもごくたまに）

▨ 26-50%（時々触れる）

▨ 51-75%（毎回ではないが、かなり頻繁に触れる）

■ 76-100%（会うとほとんどいつも触れる）

２．解答が終わったら、グループに分かれて、結果について話し合ってください。
お互いの結果から気づいたことについても話し合いましょう。

３．下にある日米の身体接触の比較表を見て、日米の身体接触の違いについて
話し合ってください。

●‥‥‥‥‥‥‥‥‥‥‥‥‥‥‥‥‥‥‥‥‥‥‥‥‥‥‥‥‥‥‥‥●

　日米の身体接触の結果を見て、気づいたことがありますか。この表からもわ
かるように、アメリカ人の場合、父親、母親、同性の友人、異性の友人のすべ
てにおいて、身体接触度が日本人の２倍以上になっています。アメリカ人の母
親との接触は日本人の２倍、アメリカ人の父親との接触は日本人の３倍になっ
ています。異性の友人との接触でも、アメリカ人は日本人の２倍以上になって
います。

　このように、身体接触を伴う身体的コミュニケーションについても、日米で
大きな差があることがわかりました。日本の文化は言語コミュニケーションが
控えめで言葉数が少ないだけでなく、身体接触もきわめて少なく、自己を表現

日米の身体接触

するために体もあまり使わないことがわかりました。それに比べてアメリカは、身体的コミュニケーションも自己表現の一つとして奨励されているので、身体接触に依存する度合いも高く、身体接触がコミュニケーションの大切な要素となっているのです。そして、自己開示を促進するためにも、身体接触は必要なものなのです。

　アメリカの留学生が日本に来ると、「日本では誰もハグしてくれないので寂しい」とよく口にします。幼い頃から、人と会ったら普通にハグをする生活をしていた留学生には、日本では誰もハグしてくれないのは大きな衝撃のようです。日本人は話す時も控えめで、相手と少し距離をとって立っていますが、アメリカ人留学生はそれだけで、「自分のことが嫌いなのかな」と気にしてしまうほどです。確かに身体接触をあまりしないのが私たち日本人の普通の文化なのですが、それが、文化背景の異なる人には、距離感を感じさせ、誤解を生んでしまう要因になっていることは、指摘されないとわかりません。

　こうしてみてくると、日本人のコミュニケーション行動や考え方は、英語圏の人たちと大きくかけ離れていることがわかります。この大きな文化的なギャップをどのように埋めていったらよいのか、次の章で考えていきます。

ステレオタイプで見てはアブナイ

　筆者の初めてのアメリカ留学は、カリフォルニアのUCバークレーでの3か月間の英語プログラムへの参加でした。1975年のことです。その当時でも、留学前の事前研修があって、その研修で教えてもらったことは、「アメリカで、犯罪から身を守るにはどうしたらいいのか」についてで、以下のような内容でした。

1. アメリカは犯罪が多く、UCバークレーは特に犯罪の多いキャンパスなので、暗くなったら出歩かないこと。（アメリカ人は車で移動するが、留学生は車がないので「出歩く」ことになる）

2. ホームレスに「Give me a quarter.（25セントちょうだい）」と言われても、お金をあげないこと。財布を出したら、財布ごと取られてしまうので、無視すること。

3. 犯罪者は黒人が多いといわれているので、黒人には気をつけること。「金を出せ」と言われたら、命が大事なので、出し惜しみしないでお金をあげること。但し、手渡しはあぶないので、1ドル札を数枚束ねて丸め ゴム止めしておいて、それを遠くに投げて逃げること。

今思うとかなり偏見に満ちたアドバイスでした。

　そして、いよいよ留学。「バークレーはあぶないのか」と緊張しながらサンフランシスコ空港に到着したのは夜7時頃。空港にはプログラムのスタッフが迎えに来てくれていて、ほかの日本人とともにバスでUCバークレーに向かいました。その時25歳だった私が入寮することになったのは、キャンパスまで歩いていける距離のこぎれいな寮で、個室をもらいました。3人の日本人女子学生と同じ寮でした。

　翌朝早く目覚めた私は、荷物の整理をして出たごみを捨てに行こうと思い、ごみ袋に入れたごみを持ってごみ箱を探しに外に出ました。「これがアメリカだ！ バークレーだ！ 本当にアメリカに来たんだぁ！」と感激に浸りながら、近くのごみ箱を探しましたが、見つかりません。「ごみ

箱どこだ?」と歩いていると、30 メートルほど先に身長が 2 メートル以上ありそうな黒人男性が歩いているのが目に入りました。

　その黒人男性は、私がイメージしていた黒人とは違い、肌が本当にまっ黒で、目だけが目立っているのです。「黒人って本当に黒いんだ!」と驚きました。私はその時まで、実際に黒人を見たことが一度もなかったのです。しかし すぐに、アメリカに来る前に受けた事前研修の「犯罪から自分の身を守る」ためのアドバイスを思い出しました。

　「黒人にお金を要求されたら、命が大事なので、お金を渡すこと」。しかし、持っているのはごみ袋だけで、お金は持っていません。「アメリカに来てすぐに犯罪に巻き込まれるなんて、最悪」と思いながら、その黒人が何事もなく通り過ぎてくれることを心で願っていました。一瞬走って逃げようかとも思いましたが、それもおかしいし、それに私は走るのが遅いので、私の 2 倍の長さの相手の足では、すぐにつかまってしまうと思い、平静を装って、ゆっくり道の端を歩いていました。

　そしてかなり近くなった時、その黒人男性が私のほうへ歩いてきて、「Money」と言ったのです。彼の頭ははるか高いところにあり、私を見おろしています。私は恐怖で何も答えることができませんでした。すると彼は、もう一度「Money」と言いました。しかし黙ったままの私を見て、彼は言いました。

　　黒人男性:「〇▲★◇×◆◎□●▽■」

　　私:「?????」(何を言われているかわからないので、何も答えられない)

　　黒人男性:「〇▲★◇×◆◎□●▽■」

　　私:「?????」(お金を要求しているのに、なぜ親しげに話しているんだろう? この人英語話しているのかな? 全然言葉がわからない)

　　黒人男性:「〇▲★◇×◆◎□●▽■… CHINESE 〇▲★◇×◆◎□●▽■」

　　私:(今 中国人って言った?)「NO, Chinese!! Japanese. Japanese!!」

　　黒人男性:「Oh, Japanese. 〇▲★◇×◆◎□●▽■」

どうやら悪い人ではなさそうです。少し気持ちが落ちついてきたので、状況を考えてみたら、もしかしたら この人は「ごみ収集のおじさんかも?」と思って、勇気を出して、

　私：「In the United States, do I have to pay ごみ▲◎…?」（「ア
　　　メリカでは、ごみを出すのにお金がいるのですか?」と聞きたい
　　　のに、「ごみ」の単語が出てこない。これでも私は一応、日本の英
　　　文科を卒業しているのに。）

黒人男性：「○▲★◇×◆◎□●▽■」

　私：「?????」

彼は、この日本人は英語がわからないのだなと思ったようで、あきらめ
てその場を去っていきました。私は命拾いしてほっとしましたが、それ
にしても あの黒人はお金を要求していたのに、なぜあきらめて去って
いったのか不思議でした。

　その翌朝のこと、今度はジョギングをしている見知らぬ白人男性が私
に、「Money」と言って通り過ぎました。「なんだ これは?」と思ってい
ると、もうひとり、犬を散歩させている白人のおばあさんが、私に言い
ました、「Money」。「あっ!」私はその時、ようやくわかりました。前
の日の黒人男性も、白人のジョギングの人も、散歩のおばあさんも、
「Money」と言ったのではなく、「Morning」と言ってくれたのでした。
日本を出発する時に、英語があまりできない私を心配する母に、「挨拶く
らいできるからだいじょうぶ」と言ってアメリカに来たのに、「私は挨拶
もわからないのか」とショックでした。

　もしあの時 黒人男性が「Morning」と言っていることに気づけていた
ら、翌日の白人男性やおばあさんの「Morning」にも「Morning」と返
せたのだろうなと思うのですが、あの黒人男性が「Money」と言ってい
ると思ってしまったのは、アメリカに来る直前に受けた研修で「黒人に
は気をつけるように」と言われて、黒人に対して悪いステレオタイプを
抱いてしまったためです。その当時は、今のように黒人についての正し
い そしていろいろな情報を得られなかったために、研修での限られた情
報だけにたよってしまったのです。そしてもう一つ、彼らが口語の
「Morning!」ではなく、私が学校英語で教わった「Good morning!」で
挨拶してくれていたら、こういった誤解はなかったかもしれません。

　いずれにしても、「人をステレオタイプで見てはアブナイ」ということ
を身をもって知ったのでした。

第15章　異文化感受性発達モデル

1．異文化コミュニケーション能力を伸ばすには

ここまでの章で、私たちにとって身近な国であるアメリカは、コミュニケーション・スタイルや文化的価値観が日本とほとんど正反対で、両国の間には大きな文化の違いがあることが浮き彫りになりました。もしそれが、それほど密接な関係でなかったり、敵対している国だったりしたら、目に見えない文化の壁を越えて、円滑なコミュニケーションを行ない真に理解し合うのは、さらにむずかしくなります。隣接しているにもかかわらず、コミュニケーションも理解もできない相手国と戦争状態になってしまうこともあるのです。

ではどうしたら、お互いが求め合うコミュニケーションをとり、理解し合うことができるのでしょうか。そのために私たちは何ができるのでしょうか。トランズアクショナル・モデルで学んだことを思い出してみましょう。円滑なコミュニケーションをとるために大切なのは、言葉を学ぶ以上に相手の立場に立って物事を考えることのできる「共感力」を身につけることでしたよね。

同じ文化内の人どうしでも、「共感力」のあるコミュニケーションをとるのはむずかしいのですから、文化背景の異なる人とのコミュニケーションの場合はなおさらです。どうしたら「共感力」のあるコミュニケーション、つまり効果的な異文化コミュニケーションができるようになるのでしょうか。それには、まず「文化間の差異に気づくことのできる感受性」を身につけなければなりません。皆さんは、異文化に対する感受性がどの程度あるでしょうか。そして、この異文化感受性が身についているのかどうかや、自分の異文化感受性はどの段階にあるのかは、どうしたら知ることができるのでしょうか。それにはまず、異文化感受性とは何なのかを理解する必要があります。

2．異文化感受性とは何か

「異文化感受性 (Intercultural Sensitivity)」とは、個人の異文化に対する体験の段階を示したもので、1か所にとどまっているものではなく、異文化体験を続けることで常にダイナミックに変化していくものです。

　1986 年にアメリカのコミュニケーション学
者のミルトン・ベネット(Milton Bennett)は、
人が異なる文化の違いを感じさせる出来事に遭
遇した時に、その出来事の何を知覚し、どのよ
うに意味づけし、どのように行動するのかとい
う、異文化の差異への気づきを個人の成長の段
階としてとらえる、「異文化感受性発達モデル
(Developmental Model of Intercultural
Sensitivity)」という概念を提唱しました。こ
のモデルは、英語の頭文字をとって DMIS と
も呼ばれています。「異文化感受性発展モデル」と呼ばれることもあります。

　ベネットは、異文化感受性発達モデルを 6 つの段階に分けました。そしてそ
の 6 つの段階は連続体としてとらえられていて、大きく 2 つに分けられます。
一つは「自文化中心的な段階」で、もう一つは「文化相対的な段階」です。

　「自文化中心的(Ethnocentric)」とは、異なる文化に対して脅威を感じてい
る段階です。自分の文化だけが真実であり現実であるととらえているので、自
分の文化的価値を守るためにも、文化に優劣をつけています。そして、他の異
なる文化と向き合うことは、できれば避けたいと思っています。ここには「否定」
「防衛」「最小化」の 3 つの段階があります。

　「文化相対的(Ethnorelative)」は、文化の違いを脅威ととらえるのではなく、
その違いから積極的に学び、他の文化も楽しみたいと思える段階です。文化の
違いを受け入れ、他の文化の見方を取り入れ、他の文化の文脈の中で自分をと
らえることができるようになります。ここには「受容」「適応」「統合」の 3 つ
の段階があります。

異文化感受性発達モデル

自文化中心的 (Ethnocentric)			文化相対的 (Ethnorelative)		
否定 (Denial)	防衛 (Defense)	最小化 (Minimization)	受容 (Acceptance)	適応 (Adaptation)	統合 (Integration)

Bennett（1993）をもとに作成

　個人がこの 6 つのうちのどの段階にいるかは、文化的差異を感じる出来事を
どのように認識しているかによって、ある程度予測できます。それでは、「自文

化中心的な段階」と「文化相対的な段階」のそれぞれの段階を詳しくみていきましょう。

3．自文化中心的な段階
　まず、「自文化中心的な段階」である「否定」「防衛」「最小化」のそれぞれの特徴を学んでいきましょう。

段階1　「否定（Denial）」

　「否定」の段階の人は、文化に違いがあることを否定しています。この段階の人は、自文化中心的で、文化に違いがあることには注意を払っていないのです。さまざまな人間で成り立つ多様化している社会の現実を見ようとしていません。文化そのものに関心がなく、異なる文化の人に対しても無頓着なので、文化の違いを認識し、意味を見いだすことができないのです。

　しかし、悪意があるわけではありません。文化について無知なだけなのです。そのため、相手の文化については思いが至らず、自分の尺度で判断する傾向があります。そして、異文化での違いは見ないようにして、見慣れたものや共通点のあるものを多く見いだすことで、心の平安を保とうとします。

　この段階の人たちは、文化について表面的なことしか見えていないうえに、違いについても本当に最小限しかわかっていないため、他の文化の人をステレオタイプでとらえがちです。ですからたとえば、アフリカから来た人に「ジャングルに住んでいるのですか」とか「近くに野生の動物がたくさんいますか」と聞いてみたり、日本人に「みんな着物を着ているのですか」とか「毎日寿司を食べますか」と聞いてみたりします。そして日本のイメージを聞くと「ふじやま」「芸者」という答えが返ってくるというように、非常に単純化されたステレオタイプ的な言動をするのです。ベネットは、自分の知っている限られた情報だけで、このようなステレオタイプに満ちた言動をする人のことを「愚問症候群（Stupid Questions Syndrome）」といっています。

「否定」の段階の人が言う言葉

　　「ニューヨークも東京と変わらないなぁ。ビルが建ち並んでいて、車が多くて、マクドナルドがどこにでもある」

「言葉さえ通じれば、何も問題はない。ホテルにチェックインして、タクシーに乗れて、レストランで注文ができれば、十分」

「とにかくその国に行ってみれば、なんとかなるものです」

「いろいろな国に行きましたが、なにか特別な努力をしなくても、その国の人とうまくやっていけてました」

「30 か国に行きましたが、カルチャーショックなど受けたことがありません」（自分がどれだけまわりの人にカルチャーショックを与えたか、思いが至らない）

「否定」の段階の人に必要な異文化感受性スキル

　「否定」の段階の人は、その国の文化について学び、文化の違いについて探求する必要があります。そのためには、相手の文化について的確に情報収集できる能力と、文化の差異を単純化しないで、知性を持って認知する能力をつけることが必要です。そうすることで、物事を単純化せずに区別し分類できるようになります。そして、文化のいろいろな面を積極的に体験することで、感受性を伸ばしていくことができます。

段階2 「防衛（Defense）」

　この段階になると、「否定」の段階とは異なり、文化の違いに気づき、認識することができるようになります。しかし、自分の文化が一番だと思っているので、他の文化は否定的にとらえます。相手の文化は違うということがわかっていても、その事実を受け入れられないので、相手を見くだしたり、けなしたりというような差別的な態度をとります。自文化の優越感に浸って相手を攻撃するのは、まだ文化の違いに脅威を感じているからです。

　ちなみに、「防衛」は「防御」ということもあります。

逆防衛

　また中には、自分が滞在した国の文化を高く評価し、自文化を見くだして悪く言う人もいます。このような人は「逆防衛（Reverse Defense）」の段階です。

　例：「やっぱり住むなら、フランスがいいわ。フランスは芸術の国で、街中がセンスにあふれているから。そして人々はやさしく、特に女性にはとても親切なの。それに比べて日本の社会は遅れているわ。日本の男性は、女性にもっと敬意を払うべきだわ」

　これはずいぶん前に筆者が実際に体験した話です。フランスに長年暮らして、フランス語を流暢に話し、ファッションセンスもいい彼女の言葉に、フランスに住んだことがない私は、「そうか、フランスはそんなにすばらしいのか」とうらやましく思ったものでした。

　そして、彼女のことをすばらしい国際人だと思っていました。フランス語ができて語学面ではエキスパートなので、フランスのことは何でも知っていると思っていたのです。しかし、この発言を異文化感受性発達モデルにあてはめてみると、彼女は完璧なフランス語を話していても、異文化感受性の面では、「国際人」ではなく、まだ「逆防衛」の、「自文化中心的な段階」にいたことがわかります。というのは、自文化がすぐれていると考えて相手の文化をけなすのも、自文化をけなして相手の文化をほめそやすのも、どちらも、文化に優劣をつけている段階だからです。文化が違っていても、その国の文化の中で社会がきちんと機能していれば、劣っていることにはなりません。

　そして、文化に優劣をつけて自分の文化が唯一の真実であると思うと、異なる文化を受け入れることができずに、敵か味方かという単純化された両極端の考えに陥り、相手を排除したいと思い、戦争が起きる原因になることがあります。文化の違いを恐怖としてとらえ、相手の文化を自分色に変えてしまいたいと思うのです。戦争で、次々と人々を悲惨な目にあわせ、その国を破壊し、人々を排除し、その跡地を自分の国にしていくのは、まさしくこの防衛の段階です。他の文化を尊重できないということは、自分の文化の人のことも尊重していないことになります。

「防衛」の段階の人が言う言葉

　「ここではこのやり方がうまくいっているのだから、このやり方に従ってもらう」
　「この国の人たちは、私たちが話すように話せないものだろうか」
　「この国の人たちは、私たちの国のよさを全く理解していない」
　「彼らの国の言葉を話してあげているのに、なぜ彼らはこんなに無礼な態度をとるのだろう」
　「彼らには教えなければならないことがたくさんある」
　「外国に行くたびに、いかに自分の国がいいのかがよくわかる」
　「この国の人は、なんて思慮深いのだろう。自国の表面的で軽い人たちとは全く

違う」

「この国はなんてすばらしいのだろう。これからもこの国の人間としてここに住みたい」

「防衛」の段階の人に必要な異文化感受性スキル

　文化の違いからくる根拠のない脅威や憶測や懸念を払拭することが必要です。そのためには、しっかりと現実を公平に見る力がなければなりません。実際に何が起きているのかわからず、あいまいな状況であっても、極端に走ったりしない「忍耐力」を身につけることが必要です。そして、協力を得られる信頼できる人間関係をつくることも必要です。

段階3　「最小化(Minimization)」

　「最小化」の段階の人は、その国の慣習など表面的な文化の違いには気づいていますが、文化の違いを単純化してとらえる傾向があります。しかし、「結局、根本的な部分は、人間はみんな同じなのだから」と、人間の普遍性に焦点をあてて、文化の違いは取るに足らないものとして過小評価しているのです。つまり、価値判断の基準である自分との共通点を誇張して、文化の違いからは目をそらそうとしているのです。

　この段階の人は、自分は文化の違いもきちんとわかっている国際人で、何でもわかっていると思っています。自文化中心的な段階の中では、いちばん文化相対的な段階に近いところにいながらも、文化の存在を過小評価しているため、次の文化相対的な段階への移行がいちばんむずかしい人たちです。

　また、この「最小化」の人たちは、今まで自分と同じだと思っていた仲間が、「自分とは違う」とわかった瞬間、それが文化の違いによるものだと認識できないために、その違いを受け入れられず、すぐに前の「防衛」の段階に戻って相手を攻撃してしまう可能性が高いのです。

「最小化」から「防衛」へ

　たくさんの留学生を受け入れているアメリカのホストファミリーがありました。そこのお母さんは、とても国際的な人だと評判でした。そして、

　そのファミリーが初めて日本人留学生を引き受けることになりました。お母さんは「アジアの留学生は初めてだけど、フランス人もドイツ人もイタリア人も、今回の日本人もみんな同じ人間よ」と日本人留学生を快く引き受けてくれました。

　ところが、1週間も経たないうちに、日本人留学生は、ホストファミリーのお母さんに厳しくしかられてしまいました。常日頃から節水を心がけているお母さんは、頻繁にシャワーとお風呂を使うこの日本人留学生の行動に我慢ができなかったのです。

　　「シャワーをひとりで15分も20分も使うのはやめてね。朝のシャワーは家族もみんな使うので、5分にしてね」
　　「我が家は節水しているので、バスタブにお湯をいっぱい張ってお風呂に入るのはやめてね」
　　「夜みんなが寝たあとのシャワーやお風呂はだめよ。音がうるさくて眠れない。翌朝早く起きるので、睡眠のじゃまになるから」

アメリカ人のお母さんは、日本人留学生も自分たちと同じように「節水を心がけて、シャワーも短く、お風呂に頻繁に入ったりしない」と思っていたので、その期待を裏切られて我慢できなかったのです。

　「なぜお風呂に週何回も入るのか、なぜシャワーに15分も20分もかかるのか」と日本人留学生にその理由を聞いてみる心の余裕は、アメリカ人のお母さんにはありません。留学生がどんな考えでそのような行動をとったのかを知ろうとしないで、攻撃的に注意して、自分が正しいと思っているルールを留学生にも守らせようとしたのです。異なる文化的背景があることには全く思いが至らなかったのです。

　お風呂に入る習慣一つとっても、文化が異なると、大きな誤解の原因になってしまうことがあります。「お風呂に入る」という日本人にとってはあたりまえのことが、異なる文化ではあたりまえではなくなってしまうよい例だと思います。

「最小化」の段階の人が言う言葉
　「どの文化の人ともうまくやっていくには、いつもの自分自身でいることです。

いつでも正直でいることです」

「文化が違えば習慣が違うのはあたりまえです。でも結局は、みんな私たちと同じです」

「どこの文化に行っても、自分の直感を信じていればだいじょうぶ」

「文化がどんなに違っても、人々はみんな同じものに動機づけられている」

「もしもみんなが正直であれば、みんなの価値観が普遍的なものだとわかる」

「世界は一つ」

「最小化」の段階の人に必要な異文化感受性スキル

　「最小化」の段階の人は、異なる文化との違いに気づいていないだけでなく、自分自身も文化の一員であることに気づいていません。ですから、文化を実感できる疑似体験などを通して、文化というものに気づき、そして自文化の知識を深めることが必要です。

4．文化相対的な段階

　それでは今度は、文化相対的な段階の３つをみていきましょう。

段階4 「受容（Acceptance）」

　「受容」は、文化相対的な段階の第一歩です。自文化中心的な段階では表面的にしか見えていなかった文化の違いを深く認識できるようになっています。そして、相手の文化だけでなく、自文化への気づきも深くなるため、どちらの文化が「よい、悪い」「正しい、間違っている」「すぐれている、劣っている」という評価をしなくなり、ただ文化が違うということを素直に受け止められるようになります。そして、さまざまな現象を相手の文化の文脈の中でとらえることができるようになり、相手の文化に対しての好奇心も生まれてきます。ただし、相手の考え方に必ず賛同するわけではありません。そして、文化の違いによるコンフリクトにはまだ対処することはできません。

「受容」の段階の人が言う言葉

　「文化が違えば違うほど、創造的な考え方ができておもしろい」

　「１つの文化をより深く知ることで、学びがさらに大きくなる」

　「新しい文化圏に行く時は、必ずその文化について学んでいく」

「文化について知れば知るほど、よりよく文化を比較できる」

「文化によって価値観が異なることを知り、相手の文化を尊重したいとは思っているが、自文化の価値観も維持したいので時々混乱する」

「ホストファミリーと私の人生経験は全く異なっているけれど、一緒に学び合っている」

「外国で学ぶなら、学生はその国の文化の違いに気づく必要がある」

「受容」の段階の人に必要な異文化感受性スキル

相手の文化に対する知識だけでなく、自分の文化に対する知識も学ぶ必要があります。相手の文化のルールを敬い、あいまいな状況でも寛容な態度でいられるように心がける必要があります。

段階5 「適応（Adaptation）」

文化相対的であるということは、相手の文化を自分の文化と同様に敬意を持ってとらえることができるということです。「受容」は、文化の違いを認知のレベルで理解できるという段階でした。その次の段階であるこの「適応」では、異なる文化を自分の文化と同じように受け入れて、相手の文化内で適切な行動をとり、効果的なコミュニケーションができるようになっています。

そして、相手の立場に立って考える「共感力」が身につき、文化の違う人とのコミュニケーション・スキルも向上しているので、相手の文化に応じてコミュニケーション行動を変えることができます。つまり、文化の摩擦を避けるために、他の文化の見方を取り入れて対処できるようになっているのです。

ちなみに、この段階での「適応」には、「同化（Assimilation）」は含まれません。「同化」というのは、自分の文化のアイデンティティをなくして相手の文化に適応していくことを意味しますが、ここでいう「適応」は、あくまでも自分自身の文化を大切に持ち続けながら、異なる文化の人とよりよい関係が築けることを指しています。

そして、この段階の人は、他人の目を通して世の中を見ることができる「共感力」を持っているので、文化のかけはしになれる可能性があります。

「適応」の段階の人が言う言葉

「この問題を解決したら、今後の取り組み方を変えなければと思っている」

「彼らが私のやり方に一生懸命ついてきてくれたので、今度は私が彼らに合わせるのが公平だと思う」

「私は自分の価値観を大切にしながら、異文化でも適切な方法で行動することができる」

「私は、この文化のメンバーになってきたような気がする」

「文化がわかればわかるほど、言葉もよりわかるようになってきた」

「適応」の段階の人に必要な異文化感受性スキル

　共感力を伸ばす訓練をする必要があります。そのためには、異なる文化の人とコミュニケーションする機会や、多文化のグループで議論をする機会が必要です。また、自分が知っている文化内で現実に即した行動を練習する機会も必要です。そうすることで、危険回避の仕方や問題解決能力なども含め、どんな場にも対応できる柔軟性を身につけられるようになります。

段階6 「統合(Integration)」

　文化相対的な段階の最後の段階です。この「統合」の段階の人は、多文化人間であり、どの文化の境界線も自由に越えることができます。自分のアイデンティティがどこか一つの文化に属しているとは思っていません。いくつものアイデンティティを持ち、状況に応じて柔軟に文化間の境界線を越えるのです。そして、異なる文化間で建設的な人間関係を築き維持することができ、また、ほかの人たちが異なる文化を理解するのを助けて、文化を仲介する、文化のかけはしとなれる人たちです。

　この段階の人は、自分のことを異文化コミュニケーションのエキスパートであると思っています。彼らにとって、異なる文化を受け入れ、適応するのはむずかしいことではありません。この段階の人は、自分の中に複数の文化を持っていて、状況に応じてどの文化的枠組みで対処したらよいのかがわかっています。

　「統合」のレベルの感受性には、幼い時から長期間にわたって異文化の中で生活し、同時にいくつもの異文化体験を重ねその社会で適応できなければ、達することがむずかしいため、この段階まで行くことができるのはごく少数の人だけなのです。そして、この段階にまで達した人は、文化と文化をつなぐ中間人材の「多文化境界人、マージナル・マン(Cultural Marginal)」として行動す

ることができます。

「統合」の段階の人が言う言葉

> 「見えない文化のルールがわかっていれば、どこにいても、我が家にいるような気がする」
> 「異なる文化の橋渡しをしている時が、とっても気持ちよく感じられる」
> 「どんな状況でも、さまざまな文化的視点から物事を見ることができる」
> 「異文化の世界では、文化を超えた思考態度が必要だ」
> 「２つの文化に完全に参加できている時は、心から楽しい」
> 「多様な思考や行動の枠組みがあると、意志決定スキルが高められる」

「統合」の段階の人に必要な異文化感受性スキル

　実際にこの段階の異文化感受性を身につけることができる人は限られています。さらによりよい「文化のかけはし」になるために、文化に即したユーモアのセンスを身につけ、新しいカテゴリーを創る能力を磨いて、いつでも状況に応じた自分自身のアイデンティティを見いだして与えられた役割に対して柔軟に行動できるよう心がけることが必要です。

　ここまで「異文化感受性発達モデル」について、自文化中心的な段階（「否定」「防衛」「最小化」）と、文化相対的な段階（「受容」「適応」「統合」）のそれぞれの段階について詳しく学んできました。それでは、異文化感受性のまとめとして、次の やってみよう をやってみましょう。

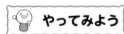

やってみよう

　異文化感受性発達モデルのそれぞれの段階にいる人が言いそうな言葉が書かれています。ＡからＬが、「否定」「防衛」「最小化」「受容」「適応」「統合」のどれにあたるのか、答えてください。

A:（　　　　　）

・大都市はどこの国でもおんなじ。高層ビルに高速道路、マックもあるしケンタッキーもある。日本もアメリカも変わらないよ。

・言葉がわかれば、問題ないさ。

・レストランで注文できて、タクシーに乗れればだいじょうぶ。

B:（　　　　　）

・海外に行く時には、文化の違いがあることに気づくことが大切だと思う。

・ホストファミリーは、私の家族とは違うけれど、お互いに学んでいけるといいな。

・ほかの文化について学べば学ぶほど、その文化の人とのコミュニケーションもうまくいくと思う。

C:（　　　　　）

・この国の人は、もう少し私たちのようにコミュニケーションできないものだろうか。

・せっかく彼らの国の言葉を話してあげているのに、お礼も言わないなんて、彼らはなんて失礼なんだろう。

・ほかの国に行くたびに、本当に自分の国はすばらしいと思う。

D:（　　　　　）

・私はどの国に行っても、特別な努力をしなくても、うまくやっていけるの。

・よく海外に行くけど、カルチャーショックなんか受けたことないわ。

・とにかく行って住んでみればなんとかなるよ。

E:（　　　　　）

・この国の人は、自国の遅れた考えの人たちよりずっと洗練されている。

・できるなら、この国に生まれたかった。なんとしてもこの国の人間になるよう努力しよう。

・同じ国から来ている人といると、本当に恥ずかしい思いをする。だから、私はずっと母国には帰りたくない。

F:（　　　　　）

・同じ考えの人が集まるよりも、違う考えの人と話し合ったほうがクリエイティブな意見が出てくると思う。

・初めての国に出かける前は、必ずその国の文化について学んでから行く。

・他の文化のいろいろな考え方を知ると、相手の文化を大切にしたいと思うと同時に、自分のアイデンティティも大切にしたいと思う。

G:（　　　　　）
・どんな国に行っても、ありのままの自分でいればだいじょうぶ。自分に正直でいることだ。
・もちろん文化の違いはあるけれど、よく知り合えば、みんな自分たちと同じ人間だとわかるはず。
・直感を信じて行動すれば、文化の違いは問題ではない。

H:（　　　　　）
・文化の違いがあっても、人間の行動の動機はみんな同じだと思う。
・正直でさえあれば、考え方は普遍だということが理解できると思う。
・人類みな兄弟。

I:（　　　　　）
・この問題を解決するために、自分のコミュニケーション・スタイルを変えてみよう。
・私は自分の価値観を大切にしたうえで、相手国の人にとっても適切な行動をとりたい。
・海外で勉強している時は、学生であっても相手の文化に合わせる努力が必要だ。

J:（　　　　　）
・相手の文化がわかるようになれば、どこにいても自国のように感じる。
・文化のかけはしになっている時が、いちばん気持ちよく感じる。
・どんな状況にあっても、さまざまな文化的観点から物事を見ることができる。

K:（　　　　　）
・問題解決にあたっては、相手の文化的な考え方の違いも考慮に入れて、自分の行動を変える必要がある。
・コミュニケーション行動の違いがあっても、相手に対する敬意を表わしたい。
・相手の文化が理解できるようになれば、言葉もよりわかるようになる。

L:（　　　　　）

・私はどちらの文化にも十分に楽しんで参加することができる。

・多くの枠組みや考え方の中からよりよい決定を下すスキルが身についた。

・異文化で気持ちよく生きるためには、多くの解釈ができる能力を持つべきだ。

・・

　異文化感受性発達モデルについて理解は深まりましたか。自分自身の異文化体験に照らし合わせてみると、自分の感受性の発達段階がわかります。

私も発達しました

　筆者がアメリカに留学していた最初の頃の体験も、この異文化感受性発達モデルによくあてはまります。特に、留学初期の頃の文化の重要さに気づいていない「自文化中心的な段階」のことは、今でも思い出すとなつかしくなります。

　留学したばかりでアメリカのことがよくわからず、文化の違いに気づくこともなく、アメリカ人の友人もやさしく、ひたすら毎日が「楽しい。楽しい」と、無知の強さで生活していた時期がありました。これは、文化の違いについて気づきもしない「否定」の段階でした。

　しばらくすると、それまで親切にしてくれていたアメリカ人の友人に「これからは、自分のことは自分でやってね」と急に言われ、「今までいい友だちだと思っていたのに、全然親切じゃない。アメリカ人って冷たいなぁ」と心の中で相手を恨んだ「防衛」の段階がありました。

　留学から数か月が過ぎたこの頃は、楽しかったアメリカの生活に少しずつ不満が出てきて、愚痴ばかり言っていました。郵便局や銀行で長い行列ができているのに、職員がおしゃべりをしながら仕事をしているのを見ると、「おしゃべりしていないで、仕事してよ。日本なら、こんなに長い行列ができていたら、もう一つ窓口を開けてお客さんを待たせないようにするのに、アメリカ人はほんと、お客様対応がなっていないんだから」と思い、ほかに何を見ても、何をしてもアメリカ人に対する不平不満ばかりの「防衛」一色の時期でした。

その後、アメリカの生活にも少し慣れて、アメリカの生活習慣がわかってくると、またアメリカ人の友人と以前のように親しくなり、「やっぱりアメリカ人も同じ人間だった」と思う「最小化」の段階に移りました。その後も、何か事が起きるたびに「防衛」になったり「最小化」に戻ったりと、異文化感受性の段階の中で揺れ動いていたのでした。そんな留学を経験した今の私は、はたしてどの段階まで発達できているのでしょうか。

異文化感受性で文化相対的な段階に至るには、たくさんの異文化体験が必要です。相手の立場に立って物事を見ることができる能力は、すぐに身につくものではありません。どうしても、自分の生まれ育った文化の中にいる状態で、既に自分の一部になっているものの見方を変えるのはむずかしいからです。しかし、異文化に触れることで、異なる文化の違いを脅威と感じるのではなく、その違いについて学んでみたいという余裕が出てくると、文化の違いを楽しめるようになります。そしてそれは、相手の立場に立って、自分の文化を見つめなおすきっかけにもなるのです。「なぜアメリカ人は、こんなことでも自分を主張するのだろう」ではなく「なぜ日本人は、自己主張をしないのだろう」、「なぜアメリカ人は、日本人のような気配りができないのだろう」ではなく、「なぜ日本人はこのような気配りをするのだろう」というように。文化の違いが学びのきっかけになることはたくさんあります。少しでも相手の立場に立って考えてみることで、新しい発見ができるからです。

異文化コミュニケーションは、外国人とのコミュニケーションだけではありません。同じ文化内でも、男性と女性、若者と高齢者、学生と教員、一般社員と管理職、デジタル世代とアナログ世代など多くの異文化が存在しています。ですから、この異文化感受性発達モデルの概念は、文化背景の異なる人とのコミュニケーションだけではなく、同じ文化内の人とのコミュニケーションにも役立つのです。

日常生活のコミュニケーションで、まわりの人たちの話をよく聞いてみると、その発言は6つの段階のうちのどれに該当するのか見当がつくようになります。しかし、同じ人間であっても、話される内容によって、「否定」の段階の時もあれば「最小化」の段階の時もあります。人間は、いつまでも同じ場所にとどまっ

ているわけではないのです。

5．まとめ

　第四部では、文化とコミュニケーションについて学んできました。最後に次の　やってみよう　をやってみましょう。

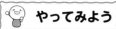 **やってみよう**

次の計算式を見て、感じたことをグループで話し合ってみましょう。

① 2 + 7 = 9　　　　　　⑥ 8 + 3 = 11

② 8 − 3 = 5　　　　　　⑦ 6 + 6 = 12

③ 7 + 5 = 12　　　　　⑧ 10 − 2 = 8

④ 11 − 6 = 5　　　　　⑨ 5 + 4 = 9

⑤ 9 + 4 = 1　　　　　　⑩ 11 + 3 = 2

　いかがでしたか。これは、昔、筆者がアメリカに留学中、バーンランド先生が異文化コミュニケーションの授業で紹介した問題ですが、その時の私にとっては「目からうろこ」の体験でした。

　皆さんはどんな感想を持ちましたか。その当時の私は、「先生、間違ってる。⑤と⑩、数字を間違えて書いたのかな」と思って疑いませんでした。

　するとバーンランド先生は、

　　先生：「いいえ、これは間違えていません。正しいですよ。もう一度よく考えてみてください。あっていますよね」
　　学生：「いいえ、やっぱりおかしいです。正しくありません」
　　先生：「この計算式は、正しいんですよ。皆さんは毎日、このように計算して生活をしていますよ。今日も何回もこうやって計算をしたはずです」
　　学生：「?」

　皆さんは、これが何の計算式かわかりましたか。そうです。これは時計の 12 進法です。⑤の計算式は、「今 9 時なので、4 時間後に会いましょう。それでは、

1時にキャンパスのカフェでお待ちしてます」ということですし、⑩は「今11時ですから、そちらに到着するのは3時間後の2時になります」というように、私たちはふだん無意識に10進法から12進法に切り替えているのです。

　しかし、計算式を見た瞬間、これは10進法だと思い込んでしまうと、12進法には全く思いが至りません。どうしても、「これは間違っている」と思ってしまいます。そして、自分が正しいと思っているのに、ほかの人から「違う」と言われると、自分自身を脅かされたと感じて、私たちは本能的に自分を守るために自己防衛に走る傾向があります。

　ですが、これが時計の読み方だとわかった瞬間に、私たちは10進法の壁を越えてすぐに12進法で考え、「あっ、そうだ」と納得がいくのです。文化も同じようなものです。10進法の文化もあれば、12進法の文化もあります。あるいは、「0」と「1」だけで計算をするコンピューターのような2進法の文化もあるかもしれません。世界には、国の数だけ、文化の数だけの異なった計算式があり、その文化内ではその文化独自の計算式がきちんと機能しているのです。

　皆さんが、10進法から12進法にものの見方をすぐに変えることができたように、1つの文化からもう1つの文化へとすぐに壁を越えられたら、それはすばらしいことです。ですが、それは、簡単なことではありません。なぜなら、10進法も12進法も、私たちは毎日の生活の中で長い時間をかけて覚えてきたことだからです。

　異文化を生き抜くには、時間をかけて相手の文化を学び、自文化との違いを認識し、どの文化にも等しく敬意を払いながら、よりよい人間関係が築ける異文化コミュニケーション能力が必要です。そして、相手の文化の人にとっても気持ちのよいコミュニケーションがとれるようにならなければなりません。そのためには、相手の文化も認める文化相対的な立場での異文化感受性が必要です。

　そして異文化の人との会話のために、外国語をじょうずに話せるようになりたいと思っていても、現地の人のように話すことはできませんし、その必要もありません。大切なのは、文化背景の異なる人とのコミュニケーションでは、相手の文化は自分の文化と同じではないということを肝に銘じて、決して日本の文化のルールでコミュニケーションをしようとしないことです。

　もし相手が自己主張を好み、空気を読まないコミュニケーション・スタイルの人だとわかったら、コミュニケーション・スタイルを変える努力をしてみま

しょう。控えめな日本人のコミュニケーション・スタイルを急に英語圏の自己主張型に変えるのは大変なことですが、そうしなければ、文化の異なる相手との円滑なコミュニケーションは成り立たないのだということを理解していることが大切です。それが文化を学ぶということなのです。

　これからの時代は、バイリンガル（bilingual）、マルチリンガル（multilingual）など複数の言語を話せる人を目指すのではなく、バイカルチュラル（bicultural）、マルチカルチュラル（multicultural）など複数の文化を理解できる人を目指す時代だといわれています。つまり、言葉の習得以上に、異なる文化背景を理解し、異なる文化を尊重し合い、よりよい人間関係を築くことのできる異文化コミュニケーション能力を身につけた人材が求められているのです。

　相手の文化を知るためには、まず自分の文化についての理解を深めることが大切です。そして、ほかの文化とどのような相違点と類似点があるのか、コミュニケーション・スタイルはどう違うのか、高文脈文化なのか／低文脈文化なのか、集団が大切にされる社会なのか／個人が優先される社会なのかなど、文化に関するさまざまな知識と情報を手に入れることが大切です。

　もしあなたが日本の義務教育を受けて大人になった日本人ならば、文化背景の異なる人と出会った時に、日本人らしさを 100% 大切にしながら、自分のできる範囲内で、20% でも、50% でも、異なる文化の相手が気持ちのいいコミュニケーション・スタイルで話せる「150% パーソン」を目指しましょう。決して、20% の外国人らしさを取り入れたために、日本人らしさをその分削って、80% の日本人らしさと 20% の外国人らしさで 100% にするのではありません。変えるのは日本人としてのアイデンティティではなく、コミュニケーション・スタイルなのです。

　コミュニケーション力は、引き算ではなく足し算です。体験し意味づけすることで、人は変わり成長していきます。一度体験をして意味づけをすると、それをしなかった過去の自分には戻れないのがコミュニケーションです。ですから、この本を読み終えたあなたは、この本をまだ読んでいない状態のあなたにはもう戻れません。

　人間の成長には限りがありません。そして、その成長をあと押ししてくれるものがコミュニケーション力です。コミュニケーション力は生まれつきのものではなく、自分の努力しだいで、いくらでも開発できます。ですから皆さんには、

自分のコミュニケーション力を信じて、コミュニケーション力を自分の味方につけて、ほかの誰でもない、自分自身にしかできない豊かな人生を生きてほしいと願っています。コミュニケーションをするということは生きるということなのですから。この本がその一助になれば、幸いです。

バーンランド先生の逝去

　バーンランド先生との悲しいお別れは突然やってきました。1992 年の 7 月半ば、毎年オレゴン州ポートランドで開催される Summer Institute for Intercultural Communication の夏期講座への参加を目前に控え、3 か月ぶりにバーンランド先生にお会いできるのを楽しみに、アメリカ出発の日を待っていました。ところが、その出発の数日前に、バーンランド先生が危篤との電話がアメリカのミルトン・ベネット先生からあり、急遽予定を変更して、サンフランシスコのセイント・フランシス・メモリアル・ホスピタルに駆けつけました。病院には既に、日本から駆けつけた バーンランド先生と長年の親交があったご友人がいらっしゃいました。しかし、バーンランド先生はその日の夜、私たちの願いも叶わず亡くなりました。バーンランド先生はご家族がいらっしゃらなかったので、私たち 3 人が「家族」として先生の最期を看取ることになりました。あんなにお元気でエネルギッシュな先生の あまりにも早い突然の死を、私たちはどう受け止めていいのかわかりませんでした。私たちは、バーンランド先生を偲びながら夜を語り明かしました。

　一方、ポートランドの Summer Institute でバーンランド先生が元気な姿で帰ってくるのを心待ちにしていた多くの同僚、友人、教え子たちのもとにも悲報が届きました。数日後に行なわれた Summer Institute の開会式では、500 名以上の参加者が深い悲しみの中、バーンランド先生を偲び、冥福を祈りました。

　その年、バーンランド先生は初めて自分の好きなアートを題材に取り上げ、長年の夢だった「アートとコミュニケーション」のセミナーを行なう予定でした。その年の春の日本でのセミナーで、バーンランド先生が、「今年は、ポートランドでアートとコミュニケーションのワークショップをやるよ」とうれしそうに話されていたので、私はすぐにポートランドの夏のセミナーの参加申し込みをしたのです。ですが、バーンランド先生ご自身も心待ちにしていた このアートを取り入れたコミュニ

ケーション・セミナーは、幻のセミナーになってしまいました。参加予定者にはバーンランド先生が心を込めて準備したすばらしいテキストが渡されたのですが、そこには先生の好きだった多くのアートに関する資料が紹介されていました。もしバーンランド先生が生きておられたら、どんなにすばらしいセミナーになっただろうと思うと、残念でなりません。セミナーを受けることはできませんでしたが、バーンランド先生が残してくれた このテキストは、先生からのメッセージがたくさん詰まった大切な形見になりました。

　1992 年にバーンランド先生が亡くなられてから 2022 年で既に 30 年になりますが、彼のコミュニケーションの分野での功績は大きく、いまだに日本でもアメリカでも多くの人々に影響を与え続けています。

　バーンランド先生は、今から 50 年ほど前に、その当時の世の中をバベルの塔にたとえて、「地球という村落がお互いの相違を尊重し合ってよりよい人間関係を築けるようになるのか、それとも相手に対する共通の敵対心で反目し合う小集団になってしまうのかは、私たちの努力にかかっている」と述べています。そして、「異文化の境界線を越えて真の共同体を構成するには、そのような世界を生き抜くためのスキルや文化的態度が必要で、それらを養成する教育を行なうことが急務である」と、繰り返し強調されていたことを思い出します。50 年ほど前にバーンランド先生がされた予言が的中して、皆さんもご存じのように世界分断という形で私たちの前に大きな文化的障壁が立ちふさがっていることをますます痛感する今、彼が残してくれた多くの助言がきっと大いに役立つことになるでしょう。

参考文献

浅井亜紀子（2016）『集団コミュニケーション ── 自分を活かす 15 のレッスン』実教出版 .

荒木晶子（2006）「アメリカにおけるコミュニケーション学の先駆者たち ── 日本人研究者との関わりから: Dean C. Barnlund」（日本コミュニケーション研究者会議（南山大学にて開催）の Proceedings）

荒木晶子・藤木美奈子（2011）『自分を活かすコミュニケーション力』実教出版 .

池田理知子（編）（2006）『現代コミュニケーション学』（有斐閣コンパクト）有斐閣 .

石井敏・久米昭元・長谷川典子・桜木俊行・石黒武人（2013）『はじめて学ぶ異文化コミュニケーション ── 多文化共生と平和構築に向けて』（有斐閣選書）有斐閣 .

ウォーフ , B. L.（著）, 池上嘉彦（訳）（1993）『言語・思考・現実』（講談社学術文庫）講談社 .（Wharf, Benjamin Lee, Carroll, John B. (Eds.) (1964) *Language, Thought, and Reality: Selected Writings of Benjamin Lee Wharf.* Cambridge, MA: The MIT Press）

大橋理枝・根橋玲子（2019）『コミュニケーション学入門』放送大学教育振興会 .

加藤秀俊（1970）『自己表現 ── 文章をどう書くか』（中公新書）中央公論新社 .

久米昭元・長谷川典子（2007）『ケースで学ぶ異文化コミュニケーション ── 誤解・失敗・すれ違い』（有斐閣選書）有斐閣 .

コンドン , ジョン（著）, 斎藤美津子・横山紘子（訳）（1972）『ことばの世界 ── コミュニケーション入門』サイマル出版会 .（Condon, John C. (1975) *Semantics and Communication* (2nd Ed.). New York: MacMillan Publishing Co.）

コンドン , ジョン（著）, 近藤千恵（訳）（1980）『異文化コミュニケーション ── カルチャー・ギャップの理解』サイマル出版会 .（Condon, John C. (1975) *An Introduction to Intercultural Communication.* New York: MacMillan Publishing Co.）

参考文献

司馬遼太郎・山崎正和 (2001)『日本人の内と外』(中公文庫) 中央公論新社.

末田清子 (2021)『コミュニケーション・スタディーズ —— アイデンティティ とフェイスからみた景色』新曜社.

末田清子・福田浩子 (2011)『コミュニケーション学 —— その展望と視点 (増補版)』松柏社.

鈴木孝夫 (1973)『ことばと文化』(岩波新書) 岩波書店.

鈴木孝夫 (1990)『ことばの社会学』(新潮文庫) 新潮社.

トリアンデス, H. C. (著), 神山貴弥・藤原武弘 (編訳) (2002)『個人主義と集団主義 —— 2つのレンズを通して読み解く文化』北大路書房. (Triandis, Harry C. (1995) *Individualism and Collectivism*. Boulder, CO: Westview Press)

中根千枝 (1967)『タテ社会の人間関係 —— 単一社会の理論』(講談社現代新書) 講談社.

中根千枝 (1972)『適応の条件 —— 日本的連続の思考』(講談社現代新書) 講談社.

中根千枝 (2019)『タテ社会と現代日本』(講談社現代新書) 講談社.

西田ひろ子 (編) (2000)『異文化間コミュニケーション入門』創元社.

バーンランド, D.C. (著), 西山千・佐野雅子 (訳) (1979)『日本人の表現構造 —— 公的自己と私的自己・アメリカ人との比較 (新版)』サイマル出版会. (Barnlund, Dean C. (1975) *Public and Private Self in Japan and the United States: Communicative Styles of Two Cultures*. Tokyo: The Simul Press)

ハウエル, ウィリアム S・久米昭元 (1992)『感性のコミュニケーション —— 対人融和のダイナミズムを探る』大修館書店.

ハヤカワ, S. I. (著), 大久保忠利 (訳) (1985)『思考と行動における言語』岩波書店. (Hayakawa, S.I. (1978) *Language In Thought and Action*. San Diego: Harcourt Brace Jovanovich)

東山安子 (1993)『日本人のコミュニケーション』桐原書店.

ホール, エドワード T. (著), 國弘正雄・長井善я・斎藤美津子 (訳) (1966)『沈黙の言葉 —— 文化・行動・思考』南雲堂. (Hall, Edward T. (1966) *The Silent Language*. New York: Doubleday and Company)

ホール, エドワード (著), 日高敏隆・佐藤信行 (訳) (1970)『かくれた次元』みすず書房. (Hall, Edward T. (1959) *The Hidden Dimension*. New York: Doubleday and Company)

ホール, エドワード T. (著), 岩田慶治・谷泰 (訳) (1983)『文化を超えて』TBS ブリタニカ. (Hall, Edward T. (1976) *Beyond Culture*. New York: Doubleday and Company)

ホール, エドワード T.・ホール, ミルドレッド R. (著), 國弘正雄 (訳) (1987)『摩擦を乗り切る ── 日本のビズネス・アメリカのビズネス』文藝春秋. (Hall, Edward T. & Hall, Mildred R. (1987) *Hidden Differences: Doing Business with the Japanese*. New York: Doubleday and Company)

宮原哲 (2000)『コミュニケーション最前線』松柏社.

宮原哲 (2006)『入門コミュニケーション論 (新版)』松柏社.

八島智子・久保田真弓 (2012)『異文化コミュニケーション論 ── グローバル・マインドとローカル・アフェクト』松柏社.

八代京子・荒木晶子・樋口容視子・山本志都・コミサロフ喜美 (2001)『異文化コミュニケーション・ワークブック』三修社.

八代京子 (監修), 鈴木友香 (著) (2004)『交渉とメディエーション ── 協調的問題解決のためのコミュニケーション』三修社.

八代京子・町惠理子・小池浩子・吉田友子 (2009)『異文化トレーニング ──ボーダレス社会を生きる (改訂版)』三修社.

八代京子 (編著) (2019)『アクティブラーニングで学ぶコミュニケーション』研究社.

山本志都・石黒武人・Milton Bennett・岡部大祐 (2022)『異文化コミュニケーション・トレーニング ──「異」と共に成長する』三修社.

ランガー, S. K. (著), 塚本明子 (訳) (2020)『シンボルの哲学 ── 理性, 祭礼, 芸術のシンボル試論』(岩波文庫) 岩波書店.

Barnlund, Dean C. (1962) "Toward A Meaning-Centered Philosophy of Communication." *Journal of Communication*, 12 (4), pp.197–211.

Barnlund, Dean C. (1968a) "Communication: The Context of Change." In Carl E. Larson & Frank E.X. Dance (Eds.) *Perspectives on Commu-*

nication. pp. 24–40. Milwaukee, WI: University of Wisconsin.

Barnlund, Dean C. (1968b) *Interpersonal Communication: Survey and Studies*. p.6. Boston: Houghton Mifflin.

Barnlund, Dean C. (1970) "A Transactional Model of Communication." In Johnnye Akin, Alvin Goldberg, Gail Myers & Joseph Stewart (Eds.) *Language Behavior: A Book of Readings in Communication*. pp.43–61. The Hague: Mouton.

Barnlund, Dean C. (1982) "The Cross-Cultural Arena: An Ethical Void." In Larry A. Samovar & Richard E. Porter (Eds.) *Intercultural Communication: A Reader* (3rd Ed.). pp. 378–383. Belmont, CA: Wadsworth.

Barnlund, Dean C. (1988) *Communicative Styles of Japanese and Americans: Images and Realities*. Belmont, CA: Wadsworth.

Barnlund, Dean C. & Araki, Shoko (1985) "Intercultural Encounters: The Management of Compliments by Japanese and Americans." *Journal of Cross-Cultural Psychology*, 16 (1), pp. 9–26.

Barnlund, Dean C. & Asai, Akiko (1998) "Boundaries of the unconscious, private, and public self in Japanese and Americans: a cross-cultural comparison." *International Journal of Intercultural Relations*, 22(4), pp. 431–452.

Barnlund, Dean C. & Haiman, Franklyn S. (1960) *The Dynamics of Discussion*. Boston: Houghton Mifflin.

Barnlund, Dean C. & Nomura, Naoki (1985) "Decentering, convergence, and cross-cultural understanding." In Larry A. Samovar & Richard E. Porter (Eds.) *Intercultural communication: A Reader*. pp. 347–366. Belmont, CA: Wadsworth.

Barnlund, Dean C. & Yoshioka, Miho (1990) "Apologies: Japanese and American Styles." *International Journal of Intercultural Relations*, 14 (2), pp. 193–206.

Bennett, Janet M. (2012) "The public and private Dean Barnlund." *International Journal of Intercultural Relations*, 36 (6), pp. 780–788.

Bennett, Janet M. & Bennett, Milton J. (2003) *Intercultural Training*

Design: Seminar for Cross-Cultural Training Services, Ltd., Japan (Booklet). Portland, OR: The Intercultural Communication Institute.

Bennett, Milton J. (1986) "A Developmental Approach to Training for Intercultural Sensitivity." *International Journal of Intercultural Relations*, 10（2）, pp. 179–196.

Bennett, Milton J. (1993) "Towards Ethnorelativism: A Developmental Model of Intercultural Sensitivity." In R. Michael Paige (Ed.) *Education for the Intercultural Experience* (2nd Ed.). pp. 21–71. Yarmouth, ME: Intercultural Press.

Bennett, Milton, J. (1998) "Intercultural Communication: A Current Perspective." In　Milton Bennett (Ed.) *Basic Concepts of Intercultural Communication: Selected Readings*. Yarmouth, ME: Intercultural Press.

Berlo, David K. (1960) *The Process of Communication: An Introduction to Theory and Practice*. New York: Holt, Rinehart and Winston.

Condon, John C. (1983) *With Respect to the Japanese: A Guide for Westerners*. Boston, MA: Intercultural Press.

Dance, Frank E.X. & Larson, Carl E. (1976) *The Functions of Human Communication: A Theoretical Approach*. New York: Holt, Rinehart and Winston.

Lasswell, Harold D. (1948) "The Structure and Function of Communication in Society." In Lyman Bryson (Ed.) *The Communication of Ideas: A Series of Addresses*. pp. 37–51. New York: Institute for Religious and Social Studies.

Myers, Gail E. & Myers, Michele T. (1991) *The Dynamics of Human Communication: A Laboratory Approach* (6th Ed). New York: McGraw-Hill Humanities.

Nomura, Naoki & Barnlund, Dean C. (1983) "Patterns of Interpersonal Criticism in Japan and the United Sates." *International Journal of Intercultural Relations*, 7（1）, pp. 1–18.

Schramm, Wilbur L. (1954) *The Process and Effects of Mass Commu-*

nication. Urbana, IL: University of Illinois Press.

Shannon, Claude E. & Weaver, Warren (1949) *The Mathematical Theory of Communication*. Urbana, IL: University of Illinois Press.

Watzlawick, Paul (1980) *The Invented Reality: How Do We Know What We Believe We Know? (Contributions to Constructivism)*. New York: WW Norton & Co.

Watzlawick, Paul, Bavelas, Janet B. & Jackson, Don D. (1967) *Pragmatics of Human Communication: A Study of Interactional Patterns, Pathologies and Paradoxes*. New York: WW Norton & Co.

●著者紹介

荒木 晶子 (あらき・しょうこ)

桜美林大学リベラルアーツ学群名誉教授（専門：異文化コミュニケーション、スピーチコミュニケーション）。サンフランシスコ州立大学大学院で修士号（異文化コミュニケーション）取得後、スタンフォード大学教育学部客員研究員、および、カリフォルニアの IRI(Intercultural Relations Institute) で Cross-Cultural Trainer として異文化研修を担当。帰国後 NHK の国際放送ラジオジャパンの仕事に従事するとともに、外資系や日本企業での異文化研修を行なう。異文化コミュニケーション学会（SIETAR Japan）の創立メンバー。1990 年から 2021 年まで桜美林大学でコミュニケーションの理論と実践教育にかかわる。主な著作：監修に『社会を生き抜く伝える力　A to Z 心・言葉・声 11 のレッスン』（実教出版）、共著に『自分を活かすコミュニケーション力』『伝わるスピーチ A to Z 口語表現ワークブック』（いずれも実教出版）、『自己表現力の教室』（情報センター出版局）、『異文化コミュニケーション・ワークブック』（三修社）、分担執筆に『異文化へのストラテジー』『異文化接触の心理学』『異文化へのストラテジー』（いずれも川島書店）などがある。

楽しく学ぶ — 実践コミュニケーション教室

2023 年 1 月 31 日　　初版発行

著者● 荒木 晶子
©Shoko Araki, 2023

発行者● 吉田 尚志
発行所● 株式会社 研究社

KENKYUSHA
〈検印省略〉

〒102-8152 東京都千代田区富士見 2-11-3
電話　営業 03-3288-7777（代）　　編集 03-3288-7711（代）
振替　00150-9-26710
https://www.kenkyusha.co.jp/

印刷所● 図書印刷株式会社　　本文イラスト● タカオエリ　研究社編集部
装丁● タカオエリ　　本文デザイン● 研究社編集部
組版● 株式会社 明昌堂　　第 11 章写真提供● 山本 薫

ISBN 978-4-327-37750-2　C1036　　Printed in Japan